WENN DER GROSCHEN FÄLLT...

Der Weg in die Sucht und wieder heraus.

Helmut Schmid

WENN DER GROSCHEN FÄLLT . . .

Der Weg in die Sucht und wieder heraus.

Erfahrungsberichte und
Ratschläge für
Alkoholkranke und Angehörige
zur Überwindung der
Alkoholsucht

Die Deutsche Bibliothek - CIP-Einheitsaufnahme

Schmid, Helmut:
Wenn der Groschen fällt . . . : der Weg in die Sucht und wieder heraus; Erfahrungsberichte und Ratschläge für Alkoholkranke und Angehörige zur Überwindung der Alkoholsucht
Helmut Schmid. - 1. Aufl. - Brackenheim, Heerstr. 8:
H. Schmid, 2001
ISBN 3-00-008041-4

1. Auflage August 2001
Autor: Helmut Schmid, Brackenheim
Einbandgestaltung: AZ -Werbeteam, Zabergäu
Lektorat: Waltraud Ries, Stuttgart
Druck und Bindung:
Druckerei & Verlag Steinmeier, Nördlingen
ISBN Nr. 3-00-008 041-4

Zu beziehen über den Verlag:
Helmut Schmid, Selbstverlag
Heerstraße 8, 74336 Brackenheim
Tel. 0 71 35/45 93, Fax 0 71 35/93 30 46
E-Mail: hemo.schmid@t-online.de

Inhaltsverzeichnis

Einleitung

Ich habe mir lange überlegt, ob ich dieses Buch überhaupt schreiben soll. Aber je mehr ich darüber nachgedacht habe, umso wichtiger erschien es mir, meine Lebensgeschichte und meine Erfahrungen mit Alkohol schriftlich festzuhalten. Nicht nur um meinetwillen, sondern um mit den Erfahrungen, die ich sammeln konnte, anderen Menschen eine Hilfestellung geben zu können. Ihnen vielleicht ein wenig von der Furcht zu nehmen, einen bestimmten Schritt in die richtige Richtung zu tun.

Dieses Buch ist das Resultat meiner langjährigen Erfahrung ohne Alkohol zu leben, und zwar harmonisch und sehr glücklich. Vor etwa acht Jahren habe ich diesen Schritt, einen Kuraufenthalt in einer Suchtklinik, selbst gewagt. Denke ich heute daran zurück, wird mir immer noch heiß und kalt. Und genau um diese Angst vor der Entscheidung geht es mir. Zu diesem Zeitpunkt war ich am Ende und es musste etwas geschehen. Mein Selbstbewusstsein lag am Boden. Der Druck von allen Seiten war für mich nicht mehr auszuhalten. Die Familie drohte auseinander zu brechen. Der Arbeitsplatz war in Gefahr und damit natürlich auch die Existenzgrundlage meiner Familie.
Denke ich heute daran zurück, hätte ich diesen Schritt viel früher tun müssen und vieles in meinem Leben wäre mir erspart geblieben. Und genau um diesen Schritt und um die Angst davor geht es mir. Viele Gedanken sind mir damals durch den Kopf gegangen.
Die Angst vor dem Unbekannten, vor dem Versagen, vor dem Ausgestoßensein aus der Gesellschaft und vieles andere mehr.

Ich nehme einmal an, dass Sie mit solchen oder ähnlichen Problemen zu kämpfen haben, sonst würden Sie sich für dieses Buch wohl kaum interessieren.
Um es gleich vorweg zu nehmen: Sie sind mit diesem Problem nicht alleine auf der Welt. Es gibt alleine in der Bundesrepublik Deutschland ca. 1,6 Millionen alkoholabhängige Menschen über 18 Jahre und 2,65 Millionen Menschen trinken so viel, dass von Missbrauch gesprochen werden kann. Sehen Sie sich doch sorgfältig um in ihrem Umfeld oder in ihrem Bekanntenkreis und Sie werden feststellen, dass Sie mit diesem Problem gewiss nicht alleine sind. Diese Problematik zieht sich durch alle Gesellschaftsschichten. Betroffen sind Professoren genauso wie Ärzte, Manager und einfache Arbeiter.
Ich habe Apotheker, die tablettensüchtig, Sachbearbeiter und Postboten, die alkoholabhängig waren, kennengelernt. Sie alle wurden ohne Hilfe mit diesem Problem nicht fertig. Nun, wie kann ich mich von dieser Sucht befreien, die mich in die Tiefe zu ziehen droht? Wie bekomme ich mein Leben wieder in den Griff?

Warum nicht die Ratschläge von anderen annehmen, die sich schon in dieser Situation befanden. Beginnt man sich geistig mit diesem Problem auseinanderzusetzen, bedeutet das, einen ersten wichtigen Schritt getan zu haben. Bedenken Sie aber beim Lesen dieses Buches, alles was Sie erfahren werden, sind Erfahrungen aus meinem bisherigen Leben. Die Anregungen und Ratschläge, die ich Ihnen versuche zu geben, müssen Sie aber schon selbst umsetzen. Sind Sie innerlich dazu bereit, haben Sie schon einen Teil des Weges geschafft.

Nach dem Motto:
Hilf dir selbst, sonst hilft dir keiner!

Zum Wohle!

So prosten wir uns tagtäglich zu. Kaum ein Anlass und eine Gelegenheit wird ausgelassen, um sich zuzutrinken. Selbstverständlich sehr oft mit Alkohol. Oder ist Ihnen schon einmal mit Orangensaft zugeprostet worden?

Es gibt aber auch eine Kehrseite des Königs Alkohol. Aus einer Veröffentlichung des Bundesgesundheitsministeriums aus dem Jahre 2000 geht hervor: Alkoholmissbrauch tötet jährlich 42.000 Menschen. Der volkswirtschaftliche Schaden beläuft sich auf 40 Milliarden DM. Pro Jahr werden 92.000 Menschen wegen Alkoholmissbrauchs arbeitsunfähig. Bei 238.000 Straftaten - sieben Prozent aller Delikte - ist Alkohol im Spiel.
Bei 33.000 Verkehrsunfällen sind Beteiligte angetrunken. 1.500 Menschen sterben bei solchen Unfällen. Die Millionen Angehörige, die mitbetroffen sind, werden in dieser Studie nicht berücksichtigt.

Und dabei soll der Alkohol doch Genussmittel sein. Das Wort „Alkohol“ stammt aus dem Arabischen und bedeutet: Das Feinste, das Beste einer Sache (ursprünglich auf Schminke und Kosmetika bezogen). Aber - ist der Alkohol für uns noch ein feines Genussmittel?
Oder ist er bereits unmerklich zur Droge geworden?
Ich behaupte: ja.

Deshalb - vor dem nächsten Schluck sollten Sie hierüber einmal ernsthaft nachdenken.
Der aus dem lateinischen kommende Zuspruch: „Prosit“ heißt übrigens: Es möge nützen - es möge bekommen.

In diesem Sinne wünsche ich Ihnen beim Lesen dieses Buches aufrichtig: *Prosit!*

Zu Ihrem Wohl und Wohlbefinden.

Alkohol - das göttliche Getränk . . .

Alkohol ist fast so alt wie die Menschheit. Bei vielen Völkern, z.B. den Babyloniern, Ägyptern und Römern war er als Wein sogar Bestandteil vieler kultischer Darstellungen und Handlungen. Und die Germanen sollen ja „immer noch einen" getrunken haben. In alten Mythen und Sagen werden viele Götter gar mit einem Alkoholsymbol, meist dem Weinbecher dargestellt. Ein Beispiel hierfür ist der griechische Gott Dionysos oder auch B'akckos, im römischen als B'acchus bekannt. Als Gott der Fruchtbarkeit und Ekstase war er identisch mit Ausgelassenheit und Zügellosigkeit in Verbindung mit fein stilisiertem und schwerem Trinken. Der Weinstock war ihm besonders heilig.

Seit jeher wurde der Rauschtrank als Mittel zur Euphorisierung, als Voraussetzung für ein besonderes Glücksgefühl, oder um den Göttern möglichst nahe zu sein eingesetzt. Im Rausch verflüchtigen sich Hemmungen und Spannungen, man wurde „freier" und glaubte sich so zum Übernatürlichen emporschwingen zu können.
Übrigens: Auch aus dieser Fehleinschätzung stammt die Fehldeutung, dass Sucht etwas mit suchen zu tun habe, während das Wort auf siechen zurückgeht.

Hat der Alkohol heutzutage einen anderen Stellenwert?
Eindeutig ja.
Der Alkohol ist heute in unserer gesamten Gesellschaft integriert. Er gehört wie ein Lebensmittel zum Alltag. Er wurde geradezu zum Statussymbol erhoben. Die wohl sortierte Hausbar beeindruckt; derjenige, der möglichst viel ausgibt, wird gefeiert. Wer nicht mittrinkt steht

daneben. Er gilt als Außenseiter und gehört eben nicht dazu.

Die Trinkgelage früherer Zeiten haben mit dem Alkoholismus dieser Tage nur in einem Punkt etwas gemeinsam - dass nämlich Alkoholmissbrauch betrieben wurde und wird. Seit Ende des vergangenen Jahrhunderts wurde jedoch der Alkoholismus zur Massenerscheinung und ist heute in allen sozialen Schichten und Altersgruppen verbreitet.
Göttliches Getränk - Nein.
Vielmehr Mittel, um sich zu stimulieren und Probleme zu verdrängen.

Mein Leben

Ich wurde als ältester Sohn eines Landwirt- und Weingärtnerehepaares in einem kleinen Dorf in Baden-Württemberg geboren. Mein Heimatdorf liegt sehr malerisch unterhalb einer kleinen Burg, eingebettet in einer Talmulde. Umrahmt wird das Ganze von Wald und Weinbergen. Unser Dorf hatte zum damaligen Zeitpunkt ungefähr 500 Einwohner. Es existierten zwei kleinere Lebensmittelgeschäfte, die später aus Rentabilitätsgründen geschlossen wurden. Weiter besaßen wir drei Wirtschaften und zwei Banken. Unsere Gegend ist geprägt durch den Weinanbau. In unserem Dorf gibt es heute noch mehrere Weingüter, deren Besitzer Selbstvermarkter sind. Doch die meisten Weingärtner haben sich in einer Genossenschaft zusammengeschlossen. Hier werden die Trauben im Herbst angeliefert und später wird der Wein dort ausgebaut und abgefüllt. Die Vermarktung wird ebenfalls von der Genossenschaft übernommen. Ich bin also in einer sehr ländlichen Gegend aufgewachsen. Der Weinanbau wird heute noch von vielen im Haupterwerb betrieben. Ein Großteil der restlichen Einwohner nutzt den Weinanbau zumindest als Nebenerwerb. Kurz gesagt: Es dreht sich alles um den Wein und den Weinanbau.

Meine Jugendzeit erlebte ich ohne besondere Höhe- bzw. Tiefpunkte. Ich bin sozusagen ganz normal im elterlichen landwirtschaftlichen Betrieb aufgewachsen und mit allen anfallenden Arbeiten vertraut gewesen. Die Grundschule absolvierte ich hier in unserem Dorf. Später, nach der Eingemeindung, besuchte ich die Hauptschule in unserer

Nachbargemeinde und dort habe ich auch meinen Abschluss gemacht.
Meine Eltern hätten es sicherlich lieber gesehen, wenn ich eine höhere Schule besucht hätte. Ich aber habe zu dieser Zeit weder den Weitblick besessen noch die Notwendigkeit gesehen, dies anzustreben.
Nachdem die Schulzeit hinter mir lag, kam natürlich die Berufswahl auf mich zu. Meine Eltern drängten mich, einen Beruf zu erlernen, in dem ich nicht schmutzig wurde. Nach langem Hin und Her durfte ich mich zwischen Industriekaufmann und Schriftsetzer entscheiden. Obwohl ich zum damaligen Zeitpunkt lieber Weingärtner, wie mein Vater, geworden wäre. Ich habe mich dann für den Beruf des Schriftsetzers entschieden. Der damals gute Verdienst war ein zugkräftiges, ausschlaggebendes Argument.

Zu dieser Zeit, 1971, hatte man keine Probleme, eine Lehrstelle bzw. Ausbildungsstelle zu bekommen. Die Druckerei hatte ihren Sitz in der Nachbargemeinde, somit war klar, dass ich dort meine Ausbildung zum Schriftsetzer absolvieren konnte. Ein persönliches Gespräch mit dem technischen Leiter ersetzte eine schriftliche Bewerbung. Mir ist noch gut in Erinnerung, wie schwer mir die erste Zeit in dem Betrieb fiel. Abends war mir oft eher zum Heulen als zum Lachen. Der damaliger Ausbildungsmeister war ein sehr strenger Mann und es dauerte einige Monate, bis ich mich an ihn gewöhnt hatte. Dies waren also schlimme Anfangsmonate für mich. Oft habe ich mich mit dem Gedanken getragen, alles hinzuschmeißen. Aber von meinen Eltern konnte ich dafür keinerlei Rückendeckung erwarten. Eine solche Entscheidung wäre einer großen Schande hier in unserem Dorf gleichgekommen. Im Laufe der Zeit wurde es dann auch besser.

Ich fand mich überraschend gut zurecht und dies spiegelte sich in meinen Schulnoten wieder. Nach drei Ausbildungsjahren konnte ich meine Abschlussprüfung mit guten Noten bestehen.

In unserem Dorf gab es zu dieser Zeit eine Jugendgruppe. Ihr durfte ich mich mit 16 Jahren anschließen. Zum gleichen Zeitpunkt habe ich die Prüfung für den Mopedführerschein abgelegt und mit meinem ersparten Geld konnte ich mir ein Moped der Marke Herkules kaufen. Darauf war ich natürlich mächtig stolz. Lebt man in einem Dorf, ist man ohne fahrbaren Untersatz ziemlich hilflos. Unsere Jugendgruppe bestand aus ungefähr 10 Leuten unterschiedlichen Alters. Ein Teil davon war schon volljährig und besaß ein Auto. Der Rest war, wie ich, mit einem Moped unterwegs.
Unser Jugendtreff bestand aus einer von uns selbst umgebauten, alten Weinberghütte außerhalb der Ortschaft. Somit störten wir niemanden, wenn wir laute Musik hörten oder unsere Feste feierten. Nach der Arbeit traf man sich hier auf ein Bier und tauschte die Tageserlebnisse aus. Anschließend fühlte man sich befreiter und sah die Dinge nicht mehr so eng. Schon damals wurde jeden Abend regelmäßig Alkohol getrunken. Das sogenannte Feierabendbier. Da dies alle so machten, kam mir nie der Gedanke, dass dies nicht richtig sein könnte.
In dieser Zeit war ich viel mit meinen Freunden und Kumpels unterwegs. Wir kannten jede Kneipe und jede Disco in unserer näheren Umgebung. Jedem Fest, und davon gab es viele, wurde ein Besuch abgestattet.

In dieser „wilden“ Zeit lernte ich meine jetzige Frau kennen. Sie ist etwa eineinhalb Jahre jünger als ich. Einige Jahre später, und zwar 1978, heirateten wir dann.

Ein Jahr bevor wir geheiratet haben, wurde in unserem Dorf ein kleineres Haus zum Kauf angeboten. Diese Gelegenheit wollten wir uns nicht entgehen lassen und haben dieses Haus gekauft. Da wir nicht über genügend Eigenkapital verfügten, mussten wir uns das fehlende Kapital über unsere ortsansässige Bank besorgen. In unseren jungen Jahren Hausbesitzer zu sein, darauf waren wir schon stolz. Gleichzeitig sind wir dadurch natürlich die Verpflichtung eingegangen, regelmäßige Zahlungen an die Bank zu leisten. Dies hatte zur Folge: Eine bestimmte Menge Geld musste immer zur Verfügung stehen.
Warum beschreibe ich dies so genau?
Weil wir uns schon sehr früh in eine finanzielle, langfristige Abhängigkeit gegenüber der Bank begeben haben. Ich empfand dies später oft als große Belastung.

Solange meine Frau mitverdienen konnte, stellte dies kein größeres Problem dar. Wir leisteten uns sogar Urlaub, ohne dass wir uns übermäßig einschränken mussten. Als dann zwei Jahre später unser erster Sohn geboren wurde, änderte sich dies. Meine Frau konnte nicht mehr mitarbeiten, somit war ich Alleinverdiener. In diesen Zeitraum fielen dann noch betriebliche Umstellungen. Einzelne Abteilungen wurden auf Schichtbetrieb umgestellt. Dies hat auch mich und meine damalige Abteilung betroffen. Mir blieb gar keine andere Wahl. Ich musste diesen Umbruch mitmachen, um für unseren Lebensunterhalt zu sorgen. Die moralische Unterstützung von Seiten meiner Eltern hörte sich dann so an: Das schaffst du schon, dann verdienst du auch mehr Geld. Was Schichtarbeit aber bedeutete, davon konnten sich meine Eltern kein Bild machen. Sie haben ja nie in einem Industriebetrieb arbeiten müssen. Gott sei Dank waren zu dieser Zeit nicht genügend Aufträge vorhanden, um einen regelmäßigen Schichtbetrieb mit Wechselschicht betreiben zu können. Ich musste trotzdem alle drei Wochen eine Spätschicht absolvieren. Die Schichtzulage, die ich dann bekam, stellte uns finanziell etwas besser, aber reich werden konnte man davon nicht.

Da ich noch einen Weinberg nebenbei bewirtschaftete, glaubte ich, dass mir diese Arbeitszeit sogar entgegenkommt. Ich arbeitete morgens zwei, drei Stunden im Weinberg und mittags trat ich dann zur Spätschicht an. Von anderen Arbeitskollegen wusste ich, dass sie es ebenso handhabten.
Im Nachhinein muss ich mir aber eingestehen, dass diese Art zu arbeiten wohl etwas zu viel für mich war. Ich begann nämlich zu dieser Zeit auch vormittags schon mal ein Bier oder zwei zu trinken. Danach empfand ich diese Belastung als nicht mehr so groß. Und nach der Spätschicht konnte ich ja auch nicht gleich abschalten, also habe ich noch mal zwei oder drei Biere gebraucht, um einschlafen zu können. Dies bildete ich mir jedenfalls so ein.

Mit ein bisschen Phantasie können Sie schon ansatzweise erkennen, wie sich ein Steinchen zum anderen fügt. Und am Ende steht dann der alkoholkranke Mensch.

Schon zu diesem Zeitpunkt bekamen meine Frau und ich sehr oft Streit wegen der Trinkerei. Sie hat mich deutlich auf meine Trinkgewohnheiten hingewiesen. Ich wollte mir aber von niemandem vorschreiben lassen, wie viel und wann ich etwas trinke. Und mit jedem Krach, den wir wegen der Trinkerei hatten, nutzte ich einen Nebeneffekt aus. Ich konnte beleidigt sein und hatte damit gleich wieder einen neuen Grund etwas zu trinken.

Hierzu passt vielleicht eine kleine Geschichte:

Die Gautschfeier

Am Ende der Ausbildung zum Schriftsetzer steht nicht nur die theoretische Abschlussprüfung in der Berufsschule, sondern auch eine praktische Prüfung in einem fremden Betrieb. Bestand man diese beiden Prüfungen, durfte man sich Geselle nennen.

In einigen Druckereien in Deutschland pflegte man darüber hinaus noch einen alten Brauch: Das Gautschen.

Dieser alte Brauch wird bis auf Gutenberg zurückgeführt. Die „Lehrlinge" oder „Stifte" sollen damals nach ihrer Ausbildung äußerlich und innerlich gereinigt worden sein. Damit wurden sie in den Gesellenstand erhoben. Heute wird dies nur noch symbolisch nachvollzogen. Bei mir fand das folgendermaßen statt:

Zur äußeren Reinigung wurde ein Plastik-Bottich mit Wasser gefüllt. Die Alt-Gesellen, die sogenannten Packer, durften dann die Lehrlinge oder Auszubildenden mitsamt der Arbeitskleidung in den Bottich werfen und mehrmals ordentlich untertauchen. Damit war die äußere Reinigung vollzogen. Symbolisch sollte damit der Schmutz der Lehrlingszeit abgewaschen werden.

Der zweite Teil, die innere Reinigung, fand dann in einer Gaststätte statt. Hier wurde durch den Ausbildungs-

meister, im Kreise der schon gegautschten Alt-Gesellen, die innere Reinigung vollzogen. In diesen erlauchten Kreis wurden nur „gegautschte" Gesellen und Meister aufgenommen. Es genügte nicht, nur die Gesellen- oder die Meisterprüfung bestanden zu haben. Und ich wollte unbedingt zu diesem Kreis gehören.

Nachdem wir den ersten Teil glücklich hinter uns gebracht hatten, folgte nun der zweite Teil der Zeremonie.

Meine Mit-Gäutschlinge und ich mussten uns um einen großen Tisch aufstellen. Der Gautschmeister mixte dann den Gautschtrunk nach einer alten Rezeptur zusammen. Zu diesem Zweck wurde eine große Schüssel vor uns auf den Tisch gestellt, die dann mit den vielen flüssigen Zutaten gefüllt wurde. Die Zutaten setzten sich zusammen aus: Rotwein, Weißwein, Cognac, Senf, Salz, Zucker, Marmelade und noch einigen anderen Zutaten mehr. Das Getränk sah ekelhaft aus. Um die innere Reinigung durchzuführen, bekam jeder der Gäutschlinge ein großes Glas mit dem angemixten Trunk in die Hand gedrückt. Das Glas musste in einem Zug geleert werden. Unter dem Gelächter der anderen Gesellen überwand sich schließlich jeder, das ekelhaft aussehende Zeug zu trinken. Zu meiner Überraschung schmeckte es besser als es aussah.

Mit der Überreichung des Gautschbriefes durch den Gautschmeister war man in den erlauchten Kreis aufgenommen. Der Gautschbrief stellte eine Legitimation dar und damit durfte man an jeder weiteren Gautschfeier teilnehmen.

Meine damalige Freundin, also meine jetzige Frau, holte mich dann spätabends von dieser Feier ab. Sie war über meinen Anblick wenig erfreut. Und als ich mich während der Autofahrt auch noch übergeben musste, war sie endgültig sauer.

Diese Geschichte musste ich mir später mehr als oft anhören. In meinen Ohren höre ich heute noch ihre Worte: Wenn sie gewusst hätte, was in der Zukunft auf sie zukommen würde, dann hätte sie es sich zweimal überlegt, mich zu heiraten.
Dass ich jeden Tag mein Bier getrunken habe, empfand ich damals als ganz normal. Es waren einmal mehr, einmal weniger.

Ich will mit dieser Geschichte nur deutlich machen, dass man oft in Situationen gerät, denen man sich einfach nicht entziehen kann. Hätte ich damals auf das Gautschen verzichtet, würde ich heute dem Gesellenkreis nicht angehören. Dies wollte ich natürlich unbedingt vermeiden, also blieb mir damals nichts anderes übrig. Denke ich an diese Gautschfeier, habe ich heute noch einen faden Nachgeschmack. So betrunken wie ich damals war.
Und zu allem Überfluss durften wir, die Neuen, das ganze Spektakel auch noch bezahlen.

Bei jeder weiteren Gautschfeier waren wir als „gegautschte Gesellen" natürlich automatisch eingeladen. Und diese Gautschfeiern endeten alle gleich.

In früherer Zeit wurden diese Gautschfeiern noch ausgiebiger und ausgelassener gefeiert und zwar tagelang. Da bei diesen Feiern für Essen und Trinken nichts bezahlt werden musste, nutzten dies die Gesellen gnadenlos aus. Die Zeche fiel natürlich dementsprechend hoch aus. Es kam nicht selten vor, dass die Gäutschlinge einige

Monatslöhne für die Zeche aufbringen mussten. Später wurde diese Unsitte dann abgestellt.

Zu dieser Zeit begann ich auch heimlich zu trinken. Ich nutzte jede Gelegenheit aus. Musste meine Frau zum Einkaufen und war einige Zeit weg, griff ich sofort zur Flasche, unabhängig von der Tageszeit. Ich glaubte damals noch, sie würde das nicht bemerken. Dies war natürlich ein Irrtum. Sie konnte das mit Sicherheit an meinem Atem erkennen. So wie ich heute auch sofort feststelle, wenn jemand Alkohol getrunken hat. Ich weiß heute, dass sie oft nur nichts gesagt hat, um weiteren Streit zu vermeiden. Dies wiederum war ein Fehler von ihrer Seite, denn dadurch hat sie natürlich mich bestärkt, so weiterzumachen.

Im Betrieb

Mit meinen Arbeitskollegen kam ich ganz gut zurecht und ich fühlte mich wohl in meiner Abteilung. Von meinen Vorgesetzten wurde ich als guter Fachmann geschätzt. Aber irgendwann war ich mit dieser Arbeit nicht mehr zufrieden und ich wollte mehr. Mehr Geld und mehr erreichen im Beruf. Deshalb habe ich mich auf eine Anzeige hin um eine andere, besser bezahlte Stellung beworben. Und zwar als Abteilungsleiter für den Bereich Fotosatz in einer anderen Druckerei. Aufgrund meiner fachlichen Qualifikation und einem guten Arbeitszeugnis bekam ich diese Stelle auch.

Ich verdiente mehr und musste keine Schichtarbeit mehr leisten. Dabei trug ich heimlich den Gedanken in mir, mein Alkoholproblem würde sich damit erledigen. Schaue ich heute zurück, muss ich mir leider eingestehen: Dies war eine glatte Fehleinschätzung der Situation. Für diesen Job war ich viel zu wenig vorbereitet. Ich hatte keinerlei Erfahrung mit der Führung von Mitarbeitern. Außerdem fehlte es mir an Durchsetzungsvermögen. Für mich war dies alles sehr unangenehm. Ich verglich diese Situation mit zwei Mühlsteinen, die Korn zerrieben. Der untere Mühlstein waren die Mitarbeiter und der obere Mühlstein waren die Chefs, dazwischen saß ich. Ich war das Korn und wurde zermahlen. Durch diese Überforderung änderte sich mein Trinkverhalten noch einmal und zwar zum Schlechteren. Ich trank abends nach der Arbeit immer öfter und mehr, um diese ungeheure Anspannung in mir loszuwerden.
Mit diesem Stellenwechsel habe ich mich in eine Situation hineinmanövriert, in der ich nicht mehr vorwärts noch

rückwärts konnte. Zum einen benötigten wir unbedingt den höheren Verdienst. Und zum anderen verhinderte mein Stolz, dass ich wieder einen Schritt zurückgehen konnte. Dies habe ich mir damals jedenfalls so eingebildet. Dieser Stolz ließ es einfach nicht zu, mir einzugestehen, dass ich mit diesem Job vollkommen überfordert war.

Zu dem Zeitpunkt, als ich die Arbeitsstelle des Abteilungsleiter annahm, hatten wir zu allem Überfluss begonnen, unser kleines Haus etwas zu vergrößern. Um Platz zu schaffen für ein oder zwei Kinderzimmer. Dies wiederum hatte natürlich zur Folge, dass wir nochmals etwas Geld bei der Bank aufnehmen mussten. Und so schließt sich wieder der Teufelskreis. Auf der einen Seite benötigten wir den Gehalt des Abteilungsleiters. Auf der anderen Seite stand die völlige Überforderung von mir, und die Tatsache, dass ich mir das nicht eingestehen wollte. Diesen Zustand hielt ich etwa drei Jahre durch. Immer mit dem Entspannungsmittel Alkohol. Unser zweiter Sohn wurde in dieser Zeit geboren. Meine Situation verschlimmerte sich immer mehr. Meine Frau bedrängte mich zusätzlich wegen der Trinkerei. Vermutlich ahnte sie, wo dies alles enden würde. Aber ich wusste mir keinen anderen Rat, wie sollte ich mit diesem ungeheuren Druck sonst umgehen.

Heute kann ich mir natürlich die Frage stellen: Warum hast du dir keinen Rat geholt? Warum hast du nicht mit einer Person deines Vertrauens gesprochen?

Wäre da nicht mein verdammter Stolz gewesen, dann hätte ich dies vermutlich auch getan. Aber so weit war ich noch lange nicht.

In dieser Situation suchte ich mir auch Kumpane, die, wie ich meinte, besser zu mir passen würden. Ich ging regelmäßig Sonntag früh zum Frühschoppen, wie sich das gehört. Und mit meiner Frau bekam ich deshalb immer öfter Streit, weil ich schon angetrunken zum Mittagessen nach Hause kam. Nach dem Essen musste ich mich regelmäßig etwas hinlegen. Unser Familienleben litt unter dieser Situation natürlich sehr.

Durch meine Überforderung im Betrieb, die durch den Alkohol noch verstärkt wurde, konnte ich kaum noch am Familienleben teilnehmen. Gab es in unserer Ortschaft Veranstaltungen oder Festlichkeiten, nahm ich meist angetrunken daran teil. Und oft endete es im Desaster.

Mit meiner Frau lag ich deshalb im Dauerstreit. Und dann waren da noch unsere sogenannten guten Freunde. Sie erteilten meiner Frau hinter meinem Rücken gute Ratschläge, wie sie am besten mit mir umzugehen habe. Dies trug natürlich nicht zur Verbesserung unserer Situation bei. Im Gegenteil, es entzweite uns noch mehr. Dies ging sogar so weit, dass ich meine Frau als Gegnerin ansah, die nur eines wollte: Mir den Alkohol wegnehmen.

Mittlerweile konnte ich meine Probleme nicht mehr verbergen. Ich hatte stark an Gewicht abgenommen. Appetit hatte ich so gut wie gar keinen mehr. Oft habe ich ausgesehen, als ob ich gar nicht geschlafen hätte. Die Erziehung unserer Kinder überließ ich ganz und gar meiner Frau. Musste sie einmal zu einem Elternabend, war mir das ganz recht. Bis sie dann wieder nach Hause kam, hatte ich meist schon mein Quantum getrunken und lag bereits im Bett. Meine Frau flüchtete sich immer mehr in die Arbeit. Sie wusste sich auch keinen anderen Rat mehr. Nur nicht über unsere Situation nachdenken. Unser Eheleben driftete immer weiter auseinander. Viele Entscheidungen wurden von meiner Frau alleine getroffen. Mir war dies gar nicht so unrecht. So konnte ich die Schuld, falls die Entscheidung nicht richtig war, ihr auch gleich in die Schuhe schieben.

Kurz und gut: Unser Eheleben war alles andere als harmonisch. Aber nichtsdestotrotz: Keinen Alkohol mehr zu trinken, dies konnte ich mir einfach nicht vorstellen. Ich lebte immer noch im Glauben, sobald ich den Druck der Überforderung loswerden könnte, hätte ich das Ganze wieder im Griff.

Eine neue Arbeitsstelle

Nach zirka vier Jahren wechselte ich erneut die Arbeitsstelle und zwar wieder auf eine Anzeige hin. Eine Druckerei nicht weit von meinem Wohnort suchte einen stellvertretenden Abteilungsleiter. Auch diesen Arbeitsplatz bekam ich. Dadurch erhoffte ich mir, den unwahrscheinlichen Druck loszuwerden und gleichzeitig keine allzu großen finanziellen Einbußen zu haben. Aber dem war leider nicht so. Kaum hatte ich dort angefangen zu arbeiten, gab mir der damalige Abteilungsleiter zu verstehen, dass er in nächster Zeit zur Kur gehen werde. Somit war ich wieder allein auf mich gestellt. Ein neuer Arbeitsplatz, mit neuen Kollegen und mit einem angekratzten Selbstbewusstsein, dies konnte nicht gut gehen. Als mein Vorgesetzter dann zur Kur weg war, habe ich die volle Last der Verantwortung für die Abteilung zu spüren bekommen.

Wie schon so oft rettete ich mich mit Alkohol über die Runden. Aber ich fühlte mich noch mehr überfordert als bei meinem früheren Arbeitgeber. Ich kam immer später nach Hause, trank ein paar Bier und legte mich schlafen. Wie sich das auf unser Familienleben ausgewirkt hat, können Sie sich sicherlich denken. Zu dieser Zeit stellte ich an mir fest: Trank ich einmal weniger, bekam ich sofort Entzugserscheinungen. Diese Beobachtung behielt ich zunächst für mich. Ich begegnete diesem Problem einfach, indem ich nachts aufstand und meinen Alkoholpegel wieder anhob. Ich hatte die Hoffnung, meine Frau würde das nicht bemerken. Dieser Trugschluss endete wiederum im Streit. Durch die anhaltende Trinkerei war sie schon so sensibilisiert, dass ihr das natürlich sofort auffiel. Zu dem Zeitpunkt glaubte ich aber immer noch fest, dass meine neuen Arbeitskollegen von meinem Zustand nichts bemerken würden.

Heute bin ich überzeugt, dass sie dies sehr wohl bemerkten, aber nichts gesagt haben. Nach einem halben Jahr warf ich das Handtuch und kündigte selbst. Mein damaliger Chef bedauerte diese Entscheidung und hat mir ein gutes Arbeitszeugnis ausgestellt. Denke ich heute so zurück, könnte es auch anders gewesen sein. Nämlich, dass er froh war, als ich selbst gekündigt habe. Dadurch wurde er von einer unangenehmen Aufgabe befreit.

Der nächste Arbeitsplatz

Ich gab mich auch jetzt noch nicht geschlagen. Nach wie vor war ich der Überzeugung, dass ich wieder alles in den Griff bekommen würde, sobald ich diesen Leistungsdruck verringern würde. Deshalb entschied ich mich für eine kleine Druckerei. Ich erhoffte mir weniger Stress, um dann auch mit meinem Alkoholproblem fertig zu werden. Insgeheim hatte ich aber schon meine Zweifel, dass ich das noch schaffen würde. Diese Einschätzung meiner Situation bewahrheitete sich sehr bald.

Der Alkohol hatte mich schon fest im Griff. Ich konnte, selbst wenn ich wollte, nicht mehr ohne Alkohol arbeiten. Ich bekam zittrige Hände, schwitzte und fühlte mich unwohl. Dieser Zustand beruhigte sich sofort, wenn ich etwas Alkohol zu mir nahm. Da ich mit dem Auto zur Arbeit fuhr, hielt ich morgens einfach abseits an und trank vor Arbeitsbeginn schon etwas Alkohol. Oft hatte ich ein unheimlich schlechtes Gewissen dabei.

Gegenüber meiner Frau argumentierte ich so: Hätte ich weniger Stress im Betrieb, dann würde ich die Trinkerei wieder im Griff haben. All die vielen Schwüre meiner Frau gegenüber lösten sich in Luft bzw. Alkohol auf.

Nach einem weiteren beschwerlichen Jahr kündigte ich wiederum selbst, um einer Kündigung zuvorzukommen. Tief in meinem Innern spürte ich, dass ich ohne Alkohol nicht mehr sein konnte. Zugeben gegenüber einem anderen Menschen konnte ich dies nicht. Immer waren andere die Schuldigen. Einmal mein Chef, manchmal die Kinder, einmal die Schulden, weil das Geld knapp war, doch niemals ich selbst. In dieser Lage erkannte ich nicht mehr, dass ich selbst das Problem war, und zwar ausschließlich ich selbst.

Nun, woran kann ich erkennen, dass jemand alkoholkrank ist?

Es gibt zuverlässige körperliche Anzeichen dafür,

z.B. das Zittern:
Wenn der Alkoholspiegel im Blut absinkt, ist besonders an den Händen deutliches Zittern zu beobachten. Jeder Alkoholkranke lernt schnell, dass er dann Alkohol zu sich nehmen muss, um ruhig zu werden. Er beginnt, Alkohol als „Medizin“ zu sehen und über den Tag verteilt zu trinken. Er sichert sich einen Vorrat, hat Verstecke, trinkt heimlich und kauft oft kleine Flachmänner.

z.B. Appetitlosigkeit:
Sie tritt vorwiegend bedingt durch die chronische Magenschleimhautentzündung auf. Besonders morgens besteht starker Brechreiz und die Nahrungsaufnahme ist oft erst nach dem Trinken kleiner Mengen Alkohol möglich. Viele Alkoholiker können fast nur noch flüssige Kost zu sich nehmen.

z.B. Hautveränderungen:
Gesicht und Augen sind stark gerötet, die Äderchen (besonders an der Nasenwurzel und an den Wangen) sind erweitert. Starkes Schwitzen und Neigung zu Ekzemen fallen besonders auf.

z.B. Potenzstörungen:
Der zunächst unter Alkoholeinfluss gesteigerten Potenz folgt eine alkoholbedingte Impotenz, die zu Störungen im Sexualleben, manchmal auch zur Perversion führen kann.

Dies sind nur einige körperliche Anzeichen für einen alkoholkranken Menschen.

Es gibt noch seelische Anzeichen,

z.B. Reizbarkeit:
Die berühmte Fliege an der Wand stört einen. Das schnelle Aufbrausen und Unbeherrschtheit sind charakteristische Anzeichen. Dadurch ist ein friedliches Familienleben nur noch selten möglich.

z.B. Schuldgefühle:
Aus ihnen entstehen Minderwertigkeits- und Versagensängste. Sie werden oft durch Schuldverlagerung „Die anderen sind immer und an allem Schuld" oder durch aggressives Verhalten oder durch großspuriges Auftreten überspielt.

z.B. Interesselosigkeit:
Mangelnder Schwung, Antriebslosigkeit und Trägheit bewirken, dass Hobbys aufgegeben und viele Arbeiten angefangen, aber nicht beendet werden. Auf die Kleidung wird oftmals nicht mehr viel Wert gelegt.

Und es gibt noch eine dritte Komponente, die es nicht zu vergessen gilt: die soziale Störung.

z.B. Kontaktstörungen:
Viele Alkoholkranke ziehen sich immer mehr von Freunden und Bekannten zurück, sie werden Alleintrinker. Sie meiden Verwandtschaft und Geselligkeiten, selbst von der engsten Familie sondern sie sich ab.

z.B. Häufiger Stellenwechsel:
Aus Misstrauen, Unsicherheit und Angst, die Alkoholkrankheit könne entdeckt werden, kündigt der Kranke vorsorglich selbst und wechselt häufig seinen Arbeitsplatz.

z.B. Familien- und Eheschwierigkeiten:
Enttäuschungen, Auseinandersetzungen und materielle Not (Schulden) belasten die Familie. Der Alkoholkranke findet Freunde unter seinem Niveau, von denen er sich besser verstanden fühlt. Krankhafte Eifersucht kann für einen Partner auch äußerst quälend sein.

Diese unvollständigen Aufzeichnungen zeigen Ihnen, wie vielschichtig dieses Problem sich darstellt. Und man ist kaum in der Lage, dies ohne fremde Hilfe zu bewältigen. Wobei es natürlich auch hier Ausnahmen gibt, wie überall.

Nachdem ich ein weiteres Mal selbst meine Arbeitsstelle gekündigt hatte, kam mir die glorreiche Idee, mich wieder bei meinem alten Betrieb zu bewerben. Auch dieses Mal hatte ich Glück und es klappte. Über mangelnde Chancen konnte ich mich deshalb wirklich nicht beklagen.
Ich fing also dort an, allerdings mit weniger Lohn und wieder mit Schichtarbeit. Das habe ich alles in Kauf genommen. Ich bildete mir ein, dort, wo ich alles kannte, würde es mir gelingen, zumindest tagsüber auf Alkohol zu verzichten. Ein weiterer Irrtum, wie schon so oft in letzter Zeit. Ich konnte einfach nicht mehr ohne Alkohol. Dies alles zu vertuschen gelang mir nicht mehr.

Mein damaliger Vorgesetzter hat mein Problem sehr früh erkannt und mich daraufhin zu einem persönlichen Gespräch eingeladen. In diesem Gespräch erklärte er mir unmissverständlich, dass ich mein Alkoholproblem lösen musste, allerdings dabei mit seiner Hilfe rechnen konnte. Nach diesem Gespräch war ich zunächst einmal empört und beleidigt. Ich hatte früher ein sehr gutes Verhältnis zu ihm. Jetzt empfand ich das Ganze als ein Manöver gegen mich. Ausgerechnet der Mann, dem ich so viel Vertrauen entgegenbrachte, machte mir solche Vorhaltungen. Tiefe Scham erfüllte mich dabei. Erst viel später ist mir klar geworden, dass er eigentlich mein Bestes wollte. Er war es auch, der mich vor die Alternative stellte, entweder ich tue etwas gegen die Sucht oder . . .
Über unser gemeinsames Gespräch informierte er telefonisch auch meine Frau. Sie war zutiefst erschüttert. Zunächst überlegten wir gemeinsam, was wir gegen die Sucht unternehmen konnten. Daraufhin setzte sich meine Frau mit einer Suchtberatungsstelle in Verbindung.
Ich kann mich noch heute sehr gut an das Gespräch erinnern. Sie stellten mir Fragen über meine Kindheit, mein Elternhaus, mein soziales Umfeld usw. Ich konnte dies alles nicht richtig verstehen. Was sollten Fragen über meine Kindheit mit meinem jetzigen Problem zu tun haben?

Dann versuchte die Suchtberaterin eine Vereinbarung mit mir zu treffen, da ich noch immer nicht so recht einsichtig war. Die Vereinbarung lautete: Freiwillig vier Wochen ohne Alkohol. Sollte ich das durchhalten, war alles in Ordnung.
Dies schaffte ich natürlich nicht. Nicht mal einen einzigen Tag. Tief in meinem Innersten ist mir das auch klar ge-

wesen. Die Suchtberaterin erklärte meiner Frau, dass es sinnvoll ist, alle alkoholhaltigen Getränke zu Hause zu vernichten. Dies tat sie dann auch. Ich aber habe weiter getrunken, heimlich natürlich. Das entging meiner Frau selbstverständlich nicht. Da es zu Hause ja nichts mehr gab, erfand ich immer mehr Ausreden, um von zu Hause weggehen zu können.

Hier an dieser Stelle ein paar Tipps für die Angehörigen von Suchkranken.
Wie können Sie mit so einer Situation besser umgehen?

Zunächst sollten Sie versuchen, sich gründlich darüber zu informieren, wie sich die Alkoholkrankheit auf die Betroffenen auswirkt. Wenn Sie viel über diese Krankheit wissen, erkennen Sie die Symptome, ordnen Sie richtig ein und können sie dann auch richtig bewerten. Sie ärgern und quälen sich dann weniger.

Sie müssen wissen, dass der Süchtige in jedem, der ihm helfen will, zunächst einen Gegner sieht, der ihm sein Suchtmittel wegnehmen will. Er wehrt sich natürlich deshalb gegen die Hilfe.
Suchen Sie für sich selbst eine Beratung bei Fachleuten (Suchtberatungsstellen, Abstinenzgruppen etc.). Dort kann man frei sprechen und man bekommt fachlichen Rat. Ein verständnisvolles Gespräch mit einem abstinent lebenden Menschen kann einem unwahrscheinlich helfen.

Machen Sie dem Kranken keine Vorwürfe, denn der Kranke macht sie sich selbst. Zusätzlicher Gewissensdruck führt nur dazu, dass der Kranke noch mehr trinkt.
Versuchen Sie in allen Situationen sachlich zu bleiben, nicht zu nachgiebig und nicht zu ablehnend. Der Kranke

muss aus Ihrem Verhalten heraus spüren, dass er Ihre volle Unterstützung hat, wenn er etwas gegen seine Krankheit unternimmt. Darin müssen Sie aber konsequent bleiben, selbst wenn es für Sie nicht einfach ist.

Sprechen Sie mit ihren Kindern und Verwandten sachlich über die Alkoholkrankheit, damit Verständnis und nicht Verachtung für den Kranken entsteht. Paktieren Sie nicht mit den Kindern oder den Schwiegereltern gegen den Kranken. Er fühlt sich sonst ausgeschlossen und wird dadurch noch mehr zum Sündenbock als er vorher schon ist.

Machen Sie den sexuellen Kontakt abhängig von der Nüchternheit des Partners. Sie vermeiden damit Erniedrigungen und Enttäuschungen.

Üben Sie Gelassenheit durch autogenes Training oder eine andere Entspannungsmethode. Was für eine Methode Sie anwenden ist vollkommen gleich. Erinnern Sie sich an frühere glückliche Zeiten, als der Alkohol ihr Zusammenleben nicht störte. Dann ertragen Sie die Sorgen um den Kranken leichter.

In dieser Situation habe auch ich verschiedene Selbsthilfegruppen besucht. Natürlich erst, als der notwendige Druck durch meine Vorgesetzten vorhanden war. Sie haben mir alle durchweg nicht gefallen. Sie wühlten in meinen Familienangelegenheiten herum, was ich wiederum als Angriff gegen meine Person betrachtete. Auch im Betrieb fühlte ich mich immer unwohler. Seit unserem Gespräch glaubte ich, dass meine Arbeitskollegen mich heimlich beobachteten. Diese Situation hielt ich eine ganze Zeit lang aus. Immer hin- und hergerissen zwischen heimlichem Trinken, zwischen Selbsthilfegruppen und der Arbeit im Betrieb mit dem Gefühl beobachtet zu werden. Dieser Zustand hat mich total aufgerieben. Dazu kam noch, dass unser Betriebsarzt in regelmäßigen Abständen den Betrieb aufsuchte, und er, natürlich von meinem Vorgesetzten informiert, mich zu einer Untersuchung bat. Ich wurde bei der Untersuchung natürlich eindringlich darauf hingewiesen, endlich etwas gegen meine Sucht zu tun.

Dies war bei mir der Auslöser und ich willigte ein, eine Entgiftung in einem Krankenhaus vorzunehmen. Nach dem Gespräch mit dem Betriebsarzt und nach der Entscheidung darüber habe ich mich unwahrscheinlich erleichtert gefühlt. Dieses Gefühl kann ich nur sehr schwer beschreiben. Es war so, als ob eine Zentnerlast von meinem Körper abgefallen wäre.
Obwohl mir nicht ganz bewusst war, was ab jetzt auf mich zukommen würde. Zunächst war für mich wichtig ein kleineres, unauffälliges Krankenhaus zu finden, in dem ich die körperliche Entgiftung vornehmen lassen konnte. Ich habe dies auch ganz in unserer Nähe gefunden. Dass ich mich für ein kleineres Krankenhaus entschied, hatte natürlich noch einen weiteren Grund. Ich hoffte, nicht so vielen Leuten über den Weg zu laufen, die mich von früher kannten.

Ich ließ mich von meinem Hausarzt einweisen. Er wusste natürlich über meinen Zustand gut Bescheid und er unterstützte mich, wo er nur konnte.
Am ersten Tag meiner Entgiftung fühlte ich mich noch relativ wohl. Ich bekam Tabletten, die gegen die Entzugserscheinungen helfen sollten. Am zweiten und am

dritten Tag ging es mir unendlich elend. Ich verließ kaum noch mein Bett. Meine Hände zitterten. Eine Tasse oder ein Glas konnte ich nur mit Mühe ruhig halten. Ich schwitzte und gleichzeitig war mir kalt. Mein Kreislauf arbeitete auf Hochtouren. Mein Blutdruck stieg an. Kurz gesagt, mir war hundeelend.

Auf meine Frau konnte ich mich in dieser Zeit hundertprozentig verlassen. Jeden Tag besuchte sie mich und unterstützte mich moralisch. Ab dem vierten Tag ging es dann wieder bergauf. Das Zittern und Schwitzen klang langsam ab. Ich fühlte mich wieder etwas besser. Und mit jedem weiteren Tag wurde es noch besser. Ich entwickelte einen unwahrscheinlichen Appetit und nahm langsam wieder an Gewicht zu. So kam ich wieder zu Kräften.

Mit diesem Krankenhaus hatte ich einen Glücksgriff getan. Ich fühlte mich gut aufgehoben und umsorgt. Mit der Zeit gefiel es mir sogar dort. Die Ärzte und Schwestern haben mich nach Kräften unterstützt. Es gab keinen Kiosk in diesem kleinen Krankenhaus und somit auch keine Gefahr, wieder an Alkohol zu gelangen. Ich hatte in dieser Zeit auch überhaupt kein Verlangen danach. Vielleicht lag es an der Umgebung oder an den freundlichen Menschen. Auch diesen inneren Druck spürte ich nicht mehr. Ich fühlte mich sehr wohl. Aber ewig konnte ich hier ja auch nicht bleiben.
Wie sollte es dann weitergehen? Das Thema Aufenthalt in einer Suchtklinik schob ich weit von mir. Ich fühlte mich gut und ich glaubte fest daran, es auch ohne Kur zu schaffen. Ich trank jetzt schon über zehn Tage keinen Alkohol mehr und hatte auch kein Verlangen danach. Damit dachte ich: Jetzt hast du es geschafft. Du hast dein

Alkoholproblem damit gelöst. Aber zu dieser Zeit wusste ich noch relativ wenig über Alkoholismus und seine Wirkungen. Von einem Suchtmechanismus wusste ich überhaupt nichts. Wie sich später herausstellte, hat mich dieses Problem wieder schneller eingeholt als mir lieb war. Davon aber später mehr.

Als ich im Krankenhaus so meinen Gedanken nachhing, habe ich zum ersten Mal ernsthaft über mich selbst nachgedacht.
Welche Fehler habe ich gemacht, dass es soweit kommen konnte. Was für ein Leben habe ich seither geführt? Ich hatte ein schlechtes Gewissen gegenüber meinen Kindern. Ich schämte mich sehr, dass ich meine Trinkerei nicht besser kontrollieren konnte. Viele Gedanken durchströmten meinen jetzt klaren Kopf.

Dort im Krankenhaus fasste ich einen Entschluss. Ab jetzt wollte ich ein anderes, besseres Leben zusammen mit meiner Familie führen.
Ich sollte ein Alkoholiker sein?
Alkoholismus, was ist das überhaupt?

Alkoholismus - was ist das eigentlich?

Der Übergang von Alkoholkonsum über die Gewöhnung (ich brauche ihn) bis zur Abhängigkeit (Sucht) ist fließend und nicht vorhersehbar und deshalb besonders tückisch.

Hierzu ein Beispiel: Bei einem männlichen Alkoholiker beträgt der Zeitraum zwischen dem Beginn regelmäßigen Alkoholmissbrauchs und totaler körperlicher und seelischer Alkoholabhängigkeit (Endstufe Delir) etwa 12 bis 15 Jahre. Bei Frauen und Jugendlichen ist dieser Zeitraum erheblich kürzer. In diesem oben genannten Zeitraum kann ein Alkoholiker durchaus eine Zeit lang, meist zu Beginn, für seine Umgebung noch unauffällig trinken.
Die Weltgesundheitsorganisation (WHO) der UNO hat 1952 bereits definiert: Alkoholiker sind exzessive Trinker, deren Abhängigkeit vom Alkohol einen solchen Grad erreicht hat, dass sie deutliche Störungen und Konflikte in ihrer körperlichen und geistigen Gesundheit, ihren mitmenschlichen Beziehungen, ihren sozialen und wirtschaftlichen Funktionen aufweisen; oder sie zeigen Vorläufer (Prodrome) einer solchen Entwicklung. Daher brauchen sie Behandlung.

Die Entwicklung des Alkoholismus bei einem Menschen erkennen wir unter anderem an dem folgenden Verhalten:

1. *Der Alkohol bzw. dessen Wirkung wird in bestimmten Situationen oder zu bestimmten Tageszeiten gebraucht.*

2. *Langsam zunehmendes schnelles Trinken der ersten Gläser, um rasch die gewünschte Stimmung zu erreichen oder heimliches Vorabtrinken.*

3. *Das Suchen nach Gelegenheiten, bei denen Alkohol getrunken wird.*

4. *Heimliches Trinken und Bereithaltung von Alkohol-Reserven.*

5. *Zunehmende Erinnerungslücken und sich verstärkende Schuldgefühle nach dem Trinken.*

6. *Zunehmende Vernachlässigung einfachster persönlicher und sozialer Verantwortlichkeiten (Kleidung, Familie, Beruf u.ä.).*

7. *Vermeidung von Gesprächen über Alkohol und Ausreden für das Trinken.*

8. *Fortschreitende Dosissteigerung, d.h. es werden immer größere Mengen benötigt um in die gehobene Stimmung zu kommen.*

9. *Einstellen von Händezittern (Tremor) und anderer Entzugserscheinungen (Schweißausbrüche, Schlaflosigkeit u.ä.) die bei neuerlichem Trinken verschwinden.*

Halten wir also fest:

Alkoholismus ist eine Krankheit! Sie kann im medizinischen Sinne nicht geheilt, sondern nur zum Stillstand gebracht werden. Dafür ist die totale Abstinenz unbedingt

erforderlich. Wer einen Alkoholkranken zum Trinken animiert, lädt schwere Schuld auf sich.
Er setzt nämlich bei dem Betroffenen den Suchtmechanismus wieder in Gang. Dieser Vorgang konnte bis heute nicht zufriedenstellend geklärt werden.
Ein Alkoholkranker kann höchste Leistungen erzielen - wenn er eben keinen Alkohol mehr anrührt. Und er ist durchaus in der Lage, seinen Alltag hervorragend zu meistern und sehr zufrieden mit seiner Familie zu leben. Diese Erkenntnis wurde auch mir selbst zuteil. Seit meinem Kuraufenthalt vermisse ich den Alkohol in meinem Leben nicht.

Voller Hoffnung verließ ich damals das Krankenhaus, in dem festen Glauben, jetzt alles überstanden zu haben. So kam ich wieder nach Hause. Ich nahm die Arbeit in meiner Firma wieder auf. Doch nach einigen Tagen stellte ich an mir fest: So mit der Zeit, als sich mein Tagesablauf wieder einspielte, wuchs auch mein Verlangen nach Alkohol wieder.
Bis ich es nicht mehr aushielt und mir sagte, dass ein Bier am Tag doch wohl nicht schaden könne. Ich war der vollen Überzeugung, dies auch durchhalten zu können. Und so kam es wie es kommen musste, meiner Frau blieb das natürlich nicht verborgen. Wir hatten deshalb einen sehr heftigen Streit, das nahm ich wiederum zum Anlass, wieder mehr zu trinken. So nach dem Motto: Ich lasse mir doch mein Leben nicht vorschreiben.

Auch im Betrieb blieb das auf die Dauer nicht verborgen. Vermutlich habe ich mich sogar auffällig benommen. Dies hatte natürlich erneut zur Folge, dass ich wiederum zu einem Gespräch geladen wurde. Nicht sofort, sondern erst nach einigen Wochen. Die ganzen Wochen zwischen meinem Krankenhausaufenthalt und dem erneuten Gespräch mit meinem Vorgesetzten war ich innerlich hin- und hergerissen. Einerseits wollte ich meiner Familie beweisen, dass ich es konnte, kontrolliert trinken. Andererseits schaffte ich es nicht, auch nur einen einzigen Tag trocken zu bleiben, nachdem ich wieder angefangen hatte zu trinken.

Das kontrollierte Trinken, ein gefährlicher Irrtum.

Das Bundessozialgericht hat in einem Grundsatz-Urteil vom 18. Juni 1968 festgestellt: „Trunksucht ist eine Krankheit im Sinne der Reichsversicherungsordnung - RVO". Diese Reichsversicherungsordnung ist auch heute noch gültig.

Dabei hat das Gericht zwei Kriterien für die Anerkennung zugrunde gelegt:

1. das Nicht-Aufhören-Können und/oder
2. den Verlust der Selbstkontrolle

Und in der Tat. Wer einmal einen Kontrollverlust erlebt hat, kann nie wieder kontrolliert trinken! Er muss über kurz oder lang zwanghaft nach dem ersten Glas weitertrinken und, wie es ein trockener Alkoholiker einmal drastisch ausdrückte:
„Wenn ich einen trinke, trinke ich tausend!"

An diesem Tag, als ich zu einem weiteren Gespräch bei meinem Vorgesetzten eingeladen wurde, wusste ich ganz genau, was auf mich zukam. Und so war es dann auch. Er stellte mich vor die Wahl, dass ich die Chance habe, eine Kur zu machen und meinen Arbeitsplatz zu erhalten. Oder, falls ich mich weigerte, könnte er mich fristlos entlassen. Er gab mir einen Tag Bedenkzeit und schickte mich dazu nach Hause. Ich hätte unter diesen Umständen auch gar nicht weiterarbeiten können, denn die Kollegen wachten streng über mich und ihnen blieb auch das Gespräch nicht verborgen. Außerdem schämte ich mich viel zu sehr. Von einer angeblichen Wahl konnte aber auch nicht gesprochen werden. Ich hätte dies eher als Erpressung bezeichnet. Daraufhin gab ich mich geschlagen, es war wohl die bitterste Niederlage in meinem Leben. Ich war zutiefst erschüttert. Dies habe ich jedenfalls damals so empfunden.

Erst viel, viel später war ich in der Lage zu verzeihen. Vermutlich haben sie mich vor dem entgültigen Untergang gerettet. Im Nachhinein bin ich sogar dankbar, weil sie ihr Versprechen eingehalten haben, meinen Arbeitsplatz freizuhalten. Egal, wie lange die Kur auch dauern mag.

Am nächsten Tag machte ich mich auf den Weg zu meinem Hausarzt. Ich schilderte ihm meine Erlebnisse und er merkte natürlich, dass ich seelisch am Ende war. In dieser Verfassung konnte ich mit Sicherheit nicht mehr arbeiten und er schrieb mich daraufhin krank. Den Entschluss, eine Kur in einer Suchtklinik zu machen, fand er allerdings sehr gut. Er leitete dann auch alles Notwendige in die Wege.

Auf diesen heiklen Punkt hatte er mich schon zu einem früheren Zeitpunkt angesprochen. Ich wollte davon aber

nichts wissen. Zwingen konnte er mich natürlich auch nicht. Wie gesagt, er war sehr froh über meinen Entschluss und hat mich dann auch tatkräftig unterstützt.
Er organisierte wiederum einen Platz in einem Krankenhaus, um eine weitere Entgiftung vornehmen zu lassen. Auch den Bericht an die Suchtberatungsstelle fertigte er an. Dann berichtete die Suchtberatungsstelle an die Rentenversicherungsanstalt, die für die Genehmigung und schließlich auch für die Bezahlung der Kur zuständig ist. Dies dauerte natürlich einige Tage bzw. Wochen. Ich wollte keine Zeit versäumen und begab mich so schnell wie möglich ins Krankenhaus, um die Entgiftung vornehmen zu lassen. Mittlerweile kannte ich das ja schon.

Da wir in einem kleinen Ort wohnen und solche Neuigkeiten schnell die Runde machen, kam es einer Selbstschutzreaktion gleich, dass ich so schnell wie möglich ins Krankenhaus wollte. So konnte ich natürlich unangenehmen Fragen und den Neugierigen in unserem Dorf ausweichen.

Meine Frau war sehr froh, dass endlich etwas geschah, das wirkliche Besserung zu bringen versprach. Was im Krankenhaus auf mich zukam, wusste ich ja bereits. Meine damaligen Zimmerkollegen waren sehr hilfsbereit und verständnisvoll, selbst als sie mitbekommen haben, warum ich hier lag. Zwischenzeitlich bemühten wir uns um einen Platz in einer Fachklinik. Lange Zeit war mir nicht bewusst, dass dies nicht so schnell gehen würde. Selbst die Suchtberatungsstelle hat uns darauf nicht hingewiesen. Ich ging immer davon aus, dass ich nach dem Krankenhausaufenthalt sofort eine Kur in einer Fachklinik antreten konnte. Dem war leider nicht so.

Bis die Anträge genehmigt und ich einen Platz in einer Fachklinik gefunden hatte, waren etwa sechs Wochen ins Land gegangen. Ich versuchte natürlich über Gespräche mit dem Arzt, den Krankenhausaufenthalt so weit wie möglich hinauszuschieben. Aber auch hier sind Grenzen gesetzt, die die Ärzte nicht überschreiten können. Ich war ja körperlich soweit gesund, also konnte ich das Krankenhaus nach einigen Tagen wieder verlassen. Wäre mir früher gesagt worden, dass die Genehmigungen so lange auf sich warten ließen, hätte ich mit der Entgiftung im Krankenhaus auch gewartet.

Ich kann nur jedem empfehlen, eine Entgiftung erst vornehmen zu lassen, wenn gewährleistet ist, dass eine Kur in einer Fachklinik direkt angeschlossen werden kann. Dadurch erspart man sich sehr unangenehme Tage.

An dieser Stelle möchte ich mich recht herzlich bei den Ärzten und Schwestern bedanken, die sich liebevoll und mit großem Verständnis um mich gekümmert haben. Auch aufmunternde Worte wie „Sie schaffen das schon“ trugen zu meinem Wohlbefinden sehr bei. Im Krankenhaus haben sie mich wieder regelrecht aufgepäppelt. Diese Erfahrung tat mir sehr gut in meinem damaligen seelischen Zustand.

Nach etwa zwei Wochen stand meine Entlassung aus dem Krankenhaus an. Aus ärztlicher Sicht war ich ja körperlich vollkommen in Ordnung. Dies hatte für mich aber Konsequenzen. Die Genehmigung der Kur durch die Rentenversicherungsanstalt war nach dieser kurzen Zeit noch nicht da. Da ich aus ärztlicher Sicht aber gesund war und arbeiten konnte, musste ich meine Arbeit wieder aufnehmen. Für mich ein sehr schwieriges Unterfangen. Es stellten sich bohrende Fragen bei mir ein.

Wie würden meine Arbeitskollegen das aufnehmen? Sie würden mich mit Sicherheit nicht aus den Augen lassen. Vielleicht würde auch hinter meinem Rücken getuschelt werden. Und viele andere Fragen beschäftigten mich. Kurz und gut, diese vierzehn Tage habe ich auch noch hinter mich gebracht. Dann endlich war die Genehmigung da und ein Termin stand auch schon fest.

Ich begab mich nochmals zu meinem Hausarzt, um die letzten Schritte mit ihm abzustimmen. Was war noch zu erledigen?
Mein Gesundheitszustand musste in Ordnung sein, sobald ich die Kur antrat. Darin inbegriffen waren natürlich auch die Zähne. Hier hatte ich noch einige Termine wahrzunehmen. Außerdem benötigte ich noch ein Attest des Zahnarztes, dass in den nächsten sechs Monaten voraussichtlich keine weiteren Zahnerkrankungen anstehen würden. Auch meinem Zahnarzt und seinen Helferinnen muss ich an dieser Stelle Dank sagen. Sie haben mich moralisch sehr aufgemuntert und mit Worten unterstützt.

In dieser Zeit, als ich nochmals zwei Wochen arbeiten musste, hat sich ein Arbeitskollege als wahre Stütze für mich erwiesen. Er hatte immer aufmunternde Worte für mich parat. Zu ihm habe ich auch heute noch ein sehr gutes Verhältnis. Er hat übrigens diesen Schritt, ohne Alkohol zu leben, schon viel früher gewagt und ist heute noch trocken. Ihm gebürt von meiner Seite aus große Anerkennung, da er es aus eigener Willenskraft schaffte, ohne Alkohol zu leben. Einzige Unterstützung, die er annahm und heute noch regelmäßig besucht, war eine

Selbsthilfegruppe. Ganz im Gegensatz zu mir. Ich hatte die Hobby-Psychologen wirklich satt. Die mir dann ja auch nicht weiterhelfen konnten. So ist das natürlich bei jedem Einzelnen etwas anders. Jeder muss für sich ganz alleine entscheiden, wie er seinem Problem am besten beikommen will.

Damit kein falscher Eindruck entsteht: Ich befürworte grundsätzlich solche Selbsthilfegruppen. Sie können eine große Hilfe sein. Nur ich bin mit ihnen nicht glücklich geworden. Es ist aber auch durchaus möglich, dass ich die richtige Gruppe einfach nicht gefunden habe. Die Selbsthilfegruppen sind zur Unterstützung absolut notwendig, doch viele Entscheidungen muss man einfach selbst treffen, da kann einem eine Gruppe auch nicht weiterhelfen. Wirklich professionelle Hilfe habe ich nur in der Fachklinik erfahren.

Deshalb rate ich jedem: Nehmen Sie die Möglichkeit einer Kur in einer Fachklinik wahr und ordnen Sie Ihr Leben neu. Die Kur gibt Ihnen die Möglichkeit, sich von geschulten Fachkräften ohne Zeitdruck helfen zu lassen. Nutzen Sie dieses Angebot.

Wer trägt die Kosten einer Kur?

Seit das Bundessozialgericht 1968 Alkoholismus als Krankheit anerkannt hat, kommen die Krankenkassen und/oder die Rentenversicherungsträger (Landesversicherungsanstalten oder die Bundesversicherungsanstalt für Angestellte) für die Behandlungskosten auf.
Informieren Sie sich bei der Krankenkasse, die für Sie zuständig ist. Dort wird man Ihnen sicher weiterhelfen.

Wenn aber nun wirklich alle Stricke reißen, erfolgt die Kostenübernahme nach dem Bundessozialhilfegesetz durch das zuständige Sozialamt. Jede Beratungsstelle kann Ihnen hierüber Auskunft erteilen. Es kann sich also niemand mehr damit herausreden, dass er die Behandlungskosten nicht aufbringen kann.

...Ich kann mich aber nur kurz behandeln lassen, weil ich sonst keine Arbeit mehr finde oder meine Arbeitsstelle verliere ...

Diese verständliche Aussage hört man immer wieder. Nun - worin besteht die Alternative?
Etwa in der zunehmenden körperlichen Schädigung - wenn Sie nur allein die Leberschädigungen nehmen und die damit zusammenhängenden vorzeitigen Invalidisierungen. Ein unbehandelt bleibender chronischer Alkoholkranker hat eine um rund 10 Jahre verkürzte Lebenserwartung.

Sollten Sie das nicht glauben, gehen Sie ruhig einmal auf einen Friedhof und überprüfen Sie die Geburts- und Sterbedaten. Ich habe das selbst schon ausprobiert. Und zwar habe ich das bei Bekannten überprüft, wo ich genau wusste, dass sie Alkoholiker waren. Natürlich gibt es auch hier Ausnahmen.

Die letzten Tage, bevor ich meinen Aufenthalt in der Fachklinik antreten konnte, waren von vielen Gedanken geprägt. Was wird mich dort wohl alles erwarten? Niemand hat mich darüber aufgeklärt oder es wurde bewusst vermieden. Darüber bin ich mir heute noch nicht ganz im Klaren. Auch in der Suchtberatungsstelle wurde mir auf meine Fragen ausweichend geantwortet. Was ich natürlich überhaupt nicht verstand.

Sie mussten doch am besten wissen, wie es dort zugeht. Ich vermute, wenn sie mich damals aufgeklärt hätten, wäre die Gefahr sehr groß gewesen, dass ich mich nicht hätte behandeln lassen. Aber es war auch nicht mehr so wichtig, schließlich hatte ich sowieso keine andere Möglichkeit mehr, als die Kur anzutreten.

Nach der Genehmigung durch die Rentenversicherungsanstalt haben wir von der Klinik Post bekommen. Unter anderem einen Prospekt mit der Ansicht des Hauses und die Hausordnung, nach der man sich absolut richten musste. Als ich mir diese Hausordnung so durchlas, erinnerte mich das schwer an eine geschlossene Anstalt.

Nachfolgend ein Auszug aus der Hausordnung:

Die Behandlung in der Fachklinik dient dem Ziel, ohne Suchtmittel zu leben. Deshalb ist es Voraussetzung, dass Sie während Ihres Aufenthalts in der Fachklinik Alkohol, Medikamente und Drogen weder besitzen noch weiter-

geben oder gebrauchen dürfen. Dies gilt auch für alkoholhaltige Lebensmittel wie z.B. Pralinen oder Schwarzwälder Kirschtorte, sogenanntes Alkoholfreies Bier, Malzbier usw. und für alkoholhaltige Mundwässer. Bitte nehmen Sie zur Kenntnis, daß Sie bei einem Verstoß gegen diese Vereinbarung disziplinarisch entlassen werden.

Zur Sicherheit unserer Patienten ist es erforderlich, dass in unregelmäßigen Abständen Alkohol- und Medikamentkontrollen durchzuführen sind. Bei der Aufnahme sehen wir Ihr Gepäck durch. Bis zu Ihrem ersten Ausgang überprüfen wir auch Pakete und Päckchen (Briefe werden selbstverständlich nicht geöffnet). In Ihrem Beisein werden von den Therapeuten Zimmer- und Schrankkontrollen durchgeführt.

Als Suchtklinik haben wir strenge Regeln für den Umgang mit Medikamenten. Der Besitz oder die Einnahme von Medikamenten, die nicht von den Klinikärzten verordnet wurden, ist daher untersagt.

Der Tagesablauf ist durch Wochenpläne vorgegeben. Die Teilnahme an den Behandlungsmaßnahmen und Gemeinschaftsaufgaben ist verpflichtend.

Die Nachtruhe beginnt um 22.30 Uhr und endet um 6.00 Uhr morgens. Nachtruhe heißt, dass Sie sich in Ihrem Zimmer aufhalten und jeglichen Lärm vermeiden.

Die Teilnahme an den Mahlzeiten ist Pflicht.

Wir erwarten von Ihnen, dass Sie auf jede Form von Androhung oder Anwendung von Gewalt verzichten.

Rauchen ist nur in einem eigens dafür vorgesehenen Raum außerhalb der Therapie möglich.

Kaffee und Tee trinken Sie bitte nur in den Aufenthaltsräumen. Löslicher Kaffee ist in der Klinik nicht erlaubt.

Das Spielen um Geld ist nicht gestattet.

Das Betreten eines Zimmers von Mitpatienten ist nicht erlaubt. *Sexuelle Kontakte* innerhalb der Klinik können wir nicht akzeptieren.

Informationen über Mitpatienten, die Ihnen im Rahmen der Behandlung zur Kenntnis gelangen, behandeln Sie bitte - auch nach der Entlassung aus der Klinik - vertraulich und geben sie nicht an Dritte weiter.

Das Mitbringen oder *Führen von Kraftfahrzeugen* während der Behandlung ist nicht gestattet.

Als Patient der individualisierten Langzeitbehandlung haben Sie bis zu Ihrer „Indikationskonferenz" (in der Regel in der 7. Behandlungswoche) keinen *Ausgang.*
In Ihrer Indikationskonferenz wird festgelegt, ab welchem Zeitpunkt Sie Ausgang erhalten.

Als Patient der Kurzzeitbehandlung erhalten Sie in der Regel ab der 2. Woche Ausgang.

Ab der 3. Woche können Sie samstags, sonntags und an Feiertagen *Besuch* empfangen.
Sobald Sie Ausgang haben, können Sie mit Ihrem Besuch das Klinikgelände verlassen.

Der Auszug stammt aus der Klinik, in der ich behandelt wurde. Er ist keineswegs vollständig. Die Hausordnung kann sich natürlich von Fachklinik zu Fachklinik ändern. Ich habe diesen Auszug aber bewusst hier abgedruckt, damit sich jeder eine Vorstellung davon machen kann. Aber keine Angst, es wird nichts so heiß gegessen wie es gekocht wird. Mir hat es in der Klinik sehr gut gefallen und die Wochen vergingen wie im Flug. Den Namen der Fachklinik nenne ich bewusst nicht, um andere Fachkliniken nicht zu benachteiligen.

Ich war damals sehr aufgeregt, als mich meine Frau Mitte Dezember 1992 mit dem Auto zur Fachklinik brachte. Die Klinik lag ca. 2 km abseits der nächsten Ortschaft. Landschaftlich wunderschön gelegen. Umrahmt von Wäldern, die zu Spaziergängen einluden. Außerdem hatte man einen hervorragenden Fernblick, da die Klinik sich auf einer Anhöhe befand.
Empfangen wurden wir von einem Patienten, der schon einige Wochen hier war. Er übernahm sozusagen die Patenschaft für den neuen Patienten. Er zeigte uns die Klinik mit allen Aufenthalts- und Therapieräumen. Auch die kleinen Wanderwege rund um die Klinik wurden uns nicht vorenthalten. Sie waren mit Markierungen versehen, die einem anzeigten, wie weit man sich von der Klinik entfernen durfte. Wurden diese Markierungen überschritten und man ist dabei ertappt worden, führte das zur sofortigen Entlassung. Dies erschien mir zunächst ziemlich lächerlich.
Doch das machte schon Sinn, wie ich später einsehen musste. Die Regelung bezog sich auf die ersten 7 Wochen, in denen man die Klinik nicht alleine verlassen durfte. Diese 7 Wochen zogen sich dann auch ganz schön in die Länge.

Nach dem Rundgang wurden wir in den Gemeinschaftssaal zum gemeinsamen Mittagessen geführt. Wir waren sehr verunsichert und wussten nicht, wie wir uns verhalten sollten. Aber auch hier half uns mein Pate freundlich weiter. Später habe ich dann erfahren, dass dies zur Therapie für die Patienten gehörte. Mit solchen Übungen sollte das Selbstbewusstsein der Patienten gestärkt werden.

Nachdem wir das Mittagessen zu uns genommen hatten, wurde mir vorläufig ein Bett in einem 3-Mann-Zimmer zugewiesen. Hier konnte ich mein Gepäck abstellen, das dann auch gründlich durchsucht wurde. Es durften ja laut Hausordnung verschiedene Sachen nicht mitgebracht werden. Sie hatten bei mir nichts zu beanstanden. Diese Kontrolle kam mir in dieser Situation dann doch komisch vor. Aber die Klinikleitung hatte wohl ihre Erfahrung damit gemacht, deshalb auch die Gepäckdurchsuchung. Danach wurde ich von dem zuständigen Arzt untersucht. Er veranlasste dann die weiteren Schritte.
Übrigens, sehr wichtig in diesem Zusammenhang: Man mußte absolut trocken in der Klinik erscheinen. Das bedeutet: ohne Entzugserscheinungen.

Bis dann noch alle schriftlichen Formalitäten erledigt waren, neigte sich der Nachmittag dem Ende zu. Meine Frau musste wieder zurückfahren und sich um den Rest der Familie kümmern. Der Abschied fiel mir schon schwer. Auch meiner Frau rannen die Tränen über das Gesicht. Aber es musste ja sein.

In den nächsten Tagen folgten eingehende weitere Untersuchungen. Über Blut, Blutdruck, Diabetes, Urin, Stuhl, Cholesterin usw., also die ganze Palette. Diese

Untersuchungen zogen sich über eine Woche hin. Es wurde ein Rundum-Check gemacht. Diese vielen Untersuchungen hatten auch ihren Vorteil. Man konnte sich langsam eingewöhnen und mit den Räumlichkeiten vertraut machen.

Der wichtigste Raum war natürlich der Aufenthaltsraum, er konnte zu jeder Zeit aufgesucht und benutzt werden. Hier wurde geraucht, Kaffee oder Tee getrunken. Auch mit Kartenspielen oder Billard konnte man sich die Zeit vertreiben. In einem anderen Raum stand ein Fernseher, der abends einige Stunden zur Verfügung stand. Und um Streitigkeiten aus dem Weg zu gehen, stand nur ein einziges Programm zur Auswahl. Ende war dann gegen 22.00 Uhr. Der Fernseher wurde abends durch einen Therapeuten abgeschaltet. Für mich war dies in der Anfangszeit aber auch unwichtig. Ich hatte viel zu viel mit mir selbst zu tun.

Es stand auch eine kleine Sporthalle zur Verfügung. Sie durfte allerdings nur in Begleitung eines Sportlehrers benutzt werden.

Mein Pate war mir in der Anfangszeit eine sehr große Hilfe. Er zeigt mir in den ersten Tagen, wo sich alles befand und welche Therapieräume benutzt werden. Wie die einzelnen Therapeuten und Ärzte hießen usw. Wir Neuankömmlinge waren dann doch in den ersten Tagen etwas gestresst. Man musste die ganzen Untersuchungen über sich ergehen lassen, gleichzeitig wurde man schon in die Therapiestunden mit eingebunden. Nach ein bis zwei Wochen wurde einem dann das endgültige Zimmer und eine Therapiegruppe zugewiesen.

Unsere Zimmer waren durchweg 2-Personen-Zimmer mit normaler Ausstattung. Für jeden Patienten ein Bett, ein Schrank und ein kleiner Schreibtisch. In jedem Zimmer stand eine gemeinsame Dusche zur Verfügung. Unsere Zimmer befanden sich in einem separaten Gebäude gegenüber der Klinik. Frauen und Männer wurden streng getrennt in verschiedenen Gebäuden untergebracht.

Meine Therapiegruppe war für die nächsten Wochen sozusagen meine Familie. Als erstes musste ich mich in einer Therapiestunde der Gruppe vorstellen.
Name, Geburtsort, verheiratet oder nicht und den Grund, warum man hier in der Klinik war. Dies war schon ein sehr ungewöhnlicher Augenblick für mich und er hat sich auch tief in mir festgesetzt. Nicht, dass ich etwas zu verbergen gehabt hätte. Wir waren doch alle aus dem gleichen Grunde hier. Und trotzdem fühlte ich mich unsicher und war mächtig aufgeregt, als ich mich vorstellte. Die Ansprache war dann auch relativ kurz. Dies musste aber jeder Neue über sich ergehen lassen und unser Therapeut achtete sehr darauf, dass nichts von dem Gesagten ins Lächerliche gezogen wurde.

Hier in der Klinik gab es ja nicht nur Alkoholkranke, sondern auch noch Tablettenabhängige und Drogenabhängige. Unsere Gruppe bestand aus ca. 15 Mitgliedern. Die Gruppengröße schwankte natürlich immer, da neue Patienten hinzukamen und andere die Klinik wieder verließen. Diese Gruppe nahm immer gemeinsam an den einzelnen Therapiesitzungen teil. Wir waren bunt gemischt. Viele Berufssparten waren hier vertreten. Es gab Postler, Apotheker, Freiberufler, Handwerker, Schriftsetzer, einfache Arbeiter und viele andere mehr.

Am Anfang beschnupperte man sich so ein bisschen, aber das legte sich schnell. Auf unserer Etage stand uns noch zusammen mit einer zweiten Therapiegruppe ein weiterer Aufenthaltsraum zur Verfügung. Hier konnte man sich selbst Kaffee kochen, lesen oder sich einfach unterhalten. Er wurde durch die zwei Gruppen rege benutzt.
Rauchen war hier ebenfalls nicht erlaubt. Aber ab 20.00 Uhr abends oder vor 6.00 Uhr morgens hielt sich keiner mehr daran. Den Therapeuten war dies natürlich bekannt, doch sie sahen darüber hinweg, solange sich kein anderer Patient beschwerte.

Der Tagesablauf wurde durch Wochenpläne vorgegeben. Diese Wochenpläne sind von den Therapeuten zusammen mit der Klinikleitung und den Ärzten festgelegt worden. Die Teilnahme an den Mahlzeiten war generell Pflicht. Nur durch eine ärztliche Anordnung konnte man davon befreit werden. Das Essen war übrigens sehr gut. Die Nachtruhe begann um 22.30 Uhr und endete um 6.00 Uhr in der Frühe. Nach 22.30 Uhr musste man sich auf seinem Zimmer aufhalten, und konnte noch etwas lesen oder sich anderweitig beschäftigen. Aber oft hatte man genug mit sich selbst und seinen Gedanken zu tun.

In der Klinik hatte ich mich nach einigen Tagen schon gut eingelebt. Der Tag begann mit Frühsport. Dies fiel mir am Anfang ziemlich schwer, obwohl ich früher ein guter Sportler gewesen war. Aber durch die Trinkerei war davon nichts mehr übrig geblieben. Ich musste neu zu trainieren beginnen um wieder etwas Kondition zu bekommen. Nach dem Frühsport wurde das Frühstück gemeinsam eingenommen. Langsam aber sicher entwickelte ich dann auch einen gesunden Appetit. Später standen dann ein oder zwei Sitzungen mit verschiedenen

Themen auf dem Plan. Die Therapiestunde dauerte eine volle Stunde. Danach kam eine kurze Pause, die meist zum Rauchen benutzt wurde, bis es dann wieder weiterging. Meistens dann in einem anderen Zimmer und mit einem anderen Therapeuten. Für jede Therapiegruppe war ein geschulter Therapeut zuständig. Vergleichbar mit einem Lehrer in der Schule. Die Themen waren klar: Alles über und um den Alkohol.

Um die Mittagszeit wurde dann das Essen ausgegeben. Jede Gruppe hatte ihren eigenen Tisch und war auch für das Eindecken und Abräumen verantwortlich. Nach einem festen Plan wurde jede Gruppe einmal zum Küchendienst herangezogen. Einmal durften wir Kartoffeln schälen. Ich glaube es waren mehr als zwei Zentner.

Nach der Mittagspause ging es mit anderen Therapieformen und anderen Aufgaben weiter. Sie waren jeweils in den Wochenplänen festgeschrieben. So war jeder Tag in der Woche verplant. Samstag und Sonntag war frei. In den ersten Wochen durfte man die Klinik ja sowieso nicht verlassen. Deshalb versuchte man, durch allerlei Freizeit-Aktivitäten die Wochenenden so kurzweilig wie möglich zu gestalten. Innerhalb der Klinik konnte man sich ja frei bewegen. Auch die Spazierwege wurden rege benutzt. Natürlich nur bis zu den bestimmten Markierungen. Diese Markierungen habe ich ja schon an anderer Stelle erwähnt.
Da ich in den ersten 3 Wochen keinen Besuch erhalten durfte, hatte ich mich aufs Telefonieren beschränkt. Meine Frau und ich einigten uns auf bestimmte Uhrzeiten, zu denen ich dann zu Hause anrufen konnte. Sie richtete sich dann auch danach und so hat dies hervorragend geklappt. So konnte man den Kontakt, auch

zu den Kindern, doch etwas aufrechterhalten. Trotzdem vermisste ich meine Familie doch sehr.

In meine Anfangszeit fiel auch noch Weihnachten. Ich habe in dieser Zeit viel gelesen um mich abzulenken. Meine Frau erzählte mir später, auch für sie war diese Anfangszeit sehr schwer. Die ersten Weihnachten ohne den Mann und Vater. Sie hat diese Situation hervorragend gemeistert. Sie verzweifelte nicht, sondern hat hier großen Mut bewiesen Und gleichzeitig zeigte sie mir damit, dass ich mich auf sie felsenfest verlassen konnte.
In der Gruppe entstanden dann in dieser Zeit erste Freundschaften. Es gibt ja auch hier Menschen, die einem sympathischer sind, und andere die man nicht so leiden mochte. Die Familiensituation spielte mit eine wichtige Rolle. War man verheiratet? Hatte man Kinder? Oder lebte man alleine? War man geschieden? Und so weiter.

Einmal in der Woche trafen sich alle Therapie-Gruppen in einem Gemeinschaftssaal, um über anstehende Probleme zusammen mit den Therapeuten zu reden.
Auch hier musste man sich als Neuer vorstellen. Dies empfand ich als noch schwieriger, da ich nicht gewohnt war, vor so vielen Leuten zu reden. Es waren sicherlich um die 100 Patienten hier versammelt. Jetzt können Sie sich vielleicht vorstellen, dass dies keine kleine Klinik war. Und es ist auch besser zu verstehen, warum hier alles bis ins kleinste Detail geregelt ist. Sonst könnte man leicht den Überblick verlieren.

In meiner Gruppe befand sich ein Mitpatient, der etwa in der gleichen Lage war wie ich. Wir waren beide verheiratet und hatten jeweils zwei Kinder in ungefähr dem gleichen Alter. Er war bei der Deutschen Post AG beschäftigt und auch ihm wurde von Seiten des Arbeitgebers nahe gelegt, eine Kur zu machen. Wir zwei hatten da doch viele Berührungspunkte und wir verstanden uns auch gleich sehr gut. Einigen anderen in unserer Gruppe war das Schicksal einer zerbrochenen Ehe beschieden. Diese Ehen gingen hauptsächlich durch die Trinkerei mit all ihren Auswirkungen in die Brüche.

Hier in der Klinik lernte ich auch, dass es verschiedene Arten von Trinkern gibt. Diese Tatsache war mir vorher völlig unbekannt. Es gab den Gewohnheitstrinker, den Problemtrinker, wozu ich mich zählte. Was mir sehr im Gedächtnis hängen geblieben ist, war der Typ des Quartalssäufers. Dieser Typ Mensch faszinierte mich ungeheuer. In unserer Gruppe befand sich ein sogenannter Quartalssäufer. Er konnte monatelang keinen Tropfen anrühren. Aber fing er einmal an zu trinken, fand er kein Ende mehr und zwar tagelang. Nach so einer ausgiebigen Sauftour fühlte er sich total mies und erschöpft. Und nach jeder weiteren Tour nochmals ein bisschen schlechter, bis er einem totalen psychischen Zusammenbruch nahe war.

In unserer Gruppe gab es noch weitere Mitglieder, denen überhaupt nicht bewusst war, warum sie eigentlich hier waren. Sie sind mehr oder weniger von anderen, seien es Verwandte, Ärzte, Eltern oder sonstigen Personen, dazu gedrängt worden, eine Kur zu machen. Ihnen war deutlich anzumerken, dass sie kein Interesse hatten, ihr Leben anders zu gestalten oder etwa sogar umzustellen. Diese Menschen hatten nur eines im Sinn: Wie kann ich diese Kur und die Zeit in der Klinik am besten unbeschadet überstehen. Um danach gleich wieder so weiterzumachen wie zuvor.

Ein weiterer Mitpatient war schon zum dritten Male hier, nachdem er sieben Jahre trocken lebte. Ihn habe ich besonders für diese Leistung bewundert. Wenn er es auch am Schluss nicht schaffte, trocken zu bleiben. Der Auslöser war eine Frau, mit der er jahrelang zusammenlebte. Sie betrog ihn mit einem anderen Mann und er fand dies durch puren Zufall heraus.

Obwohl er es hätte besser wissen müssen, hat er angefangen, seinen Kummer zu ertränken. Er schüttete sich nur einmal richtig zu und wollte es dann wieder lassen. Dies gelang ihm nach seiner Aussage am Anfang auch. Doch dann schlich sich diese Krankheit wieder so heimlich ein und es war wieder so weit. Er konnte es nicht mehr lassen. Er war Postbote von Beruf. Seinen Erzählungen nach hatte er auf der ganzen Wegstrecke, die er täglich abzuarbeiten hatte, überall Alkohol-Depots angelegt. So hatte er dauernd Zugriff, ohne dass er zuerst immer einkaufen musste. Dies ging natürlich nicht lange gut. Einige Kunden haben sich über sein Benehmen beschwert und dann flog die ganze Sache natürlich auf. Es war ja nicht das erste Mal bei ihm.

Und so waren wir bunt gemischt in unserer Gruppe zusammen. Jeder mit seiner eigenen Geschichte und mit seiner Vergangenheit. Für mich war von Anfang an klar, ich musste und ich wollte etwas gegen die Trinkerei tun. Und was für mich ganz entscheidend war, ich wollte auf gar keinen Fall zu den 60% bis 70% gehören, die es nach einer Kur nicht schafften, trocken zu bleiben.
Sie wundern sich sicherlich, warum die Rückfall-Quote so hoch ist. Aber in meinen Augen liegt es auf der Hand. Es liegt meist an einem selbst, ob man etwas ändern will oder nicht. In der Fachklinik bekommt man nur die Anleitung

dazu. Hier wird man auf Gefahren aufmerksam gemacht. Entscheiden muss am Schluss immer der Kranke selbst. Deshalb: Die Umstellung oder Veränderung muss im Kopf und im Denken stattfinden.

Es muss also den berühmten Klick im Kopf geben, oder es muss der berühmte Groschen fallen,
oder es muss einem wie Schuppen von den Augen fallen.

So saßen wir jeden Tag in unseren Therapiestunden und redeten über den Alkohol und alles was damit zusammenhängt. Über seine Auswirkungen auf den Körper. Über Krankheiten, die durch übermäßigen Alkoholgenuss entstehen oder über das Sexualleben und viele andere Dinge mehr. Wie man sich in bestimmten Situationen verhält. Dazu später noch mehr.

Ausgerechnet bei einer unserer hübschesten Therapeutinnen behandelten wir das Thema: „Sexualität und Alkohol“. Sie können sich sicherlich vorstellen, was für eine Gaudi dies war und wie diese Gesprächsstunde geendet hat. Ihr sind sehr unangenehme und teilweise auch unpassende Fragen gestellt worden. Ich selbst habe es als höchst peinlich empfunden. Aber für manchen in der Gruppe war das eine willkommene Gelegenheit, sich aufzuspielen und wichtig zu machen. Sie konnte sich aber immer recht schlagfertig aus der Affäre ziehen.

Wie verhalte ich mich in bestimmten Situationen? Ich werde ihnen einige Beispiele, die ich selbst erlebt habe, schildern, und die notwendigen Konsequenzen daraus ziehen. Dazu später mehr.

Einmal in der Woche setzten sich die Therapeuten zusammen, um über den Fortschritt eines jeden Einzelnen zu beraten. Sie konnten Erkenntnisse aus den Antworten in den vielen Gesprächsrunden ziehen. So legten sie dann auch die Dauer des Aufenthalts eines jeden einzelnen Patienten in der Fachklinik fest. Natürlich wurde mit jedem Einzelnen noch ein persönliches Gespräch geführt, bevor solche Entscheidungen getroffen wurden.

Nach vier Wochen durfte ich zum ersten Mal Besuch empfangen. Dies tat uns allen gut. Mir und meiner Familie. Sooft meine Frau es möglich machen konnte, besuchte sie mich in der Klinik. Sie hat mir durch ihr Verhalten wirklich Mut gemacht. Und für mich selbst war die Zeit dann erträglicher. Der Besuch durfte zum Mittagessen hier bleiben. Und so nutzten wir dann die Gelegenheit, etwas länger zusammen zu sein. Es musste ja auch über die Probleme geredet werden, die in der Zwischenzeit zu Hause anfielen. Um den Kontakt nicht abbrechen zu lassen, hat sie ab und zu auch meine beiden Söhne mitgebracht. Das anfängliche Interesse der beiden ist dann aber schnell verflogen. Ich konnte das gut verstehen, für die Kinder war hier nichts Interessantes geboten. Sie wussten jetzt, wo ich war, wo ich schlafe und esse. Und damit war das Interesse an meinem Aufenthalt erschöpft.

Nach weiteren Wochen durften wir die Klinik in Zweier- oder Dreiergruppen einmal in der Woche nachmittags verlassen. Meist war dies mittwochs der Fall. Wir mussten uns abmelden und bei der Rückkehr wieder anmelden. Das Ganze wurde in ein Buch eingetragen. Die Einkaufstüten sind dann regelrecht kontrolliert worden. Dies wurde sehr streng gehandhabt und ein Verstoß gegen diese Vorschrift wurde ohne Kompromiss bestraft.

Ich habe diese neue Freiheit sehr genossen. Wir marschierten die zwei Kilometer in die Nachbarortschaft, wo wir uns zunächst im Supermarkt einmal umsahen. Hier wurde alles eingekauft, was erlaubt und in der Klinik nicht zu kaufen war. Hauptsächlich Zigaretten und Schokolade. Aber auch andere Süßigkeiten. Alles musste natürlich ohne Alkohol sein. Deshalb auch die Kontrollen. Die Krönung des freien Nachmittags war der Besuch eines Cafes. Für die Bewohner des Ortes war dies nichts Neues. Sie waren schon gewohnt, hier Leute aus der Klinik zu sehen. Und wir benahmen uns natürlich auch danach. Kurz und gut, die neue Freiheit dauerte ca. 3 Stunden einmal in der Woche. Spätestens um 16.30 Uhr musste man wieder zurück sein. Am Eingang wurden unsere Taschen, wie schon beschrieben, nach Alkoholika und Drogen durchsucht. Durch das An- und Abmelden konnte man genau nachvollziehen, wer, wann, wo und wie lange die Klinik verlassen hatte.

Ein Verstoß gegen diese Vorschrift hätte die sofortige Entlassung zur Folge gehabt. Die Kosten die bis dahin angefallen wären, hätte die Rentenversicherung nicht mehr übernommen. Mir ist in dieser ganzen Zeit nur ein Fall zu Ohren gekommen, wo die Klinikleitung auch prompt mit dem Angedrohten reagierte. Vor diesem Hintergrund war natürlich allen klar, was nicht passieren durfte. Da wir aber schon wochenlang ohne Alkohol auskamen, empfand ich dies als kein größeres Problem mehr.

Die Freude, wieder mit Menschen da draußen zusammenzukommen, legte sich aber mit der Zeit wieder. Der 2-km-Fußmarsch bergauf und bergab schreckte doch viele ab. Oder sie waren einfach zu faul. Man ging dazu über, innerhalb der Gruppe zu fragen, wer denn diese Woche ins Dorf geht. Und derjenige besorgte dann die Zigaretten, Süßigkeiten, Gebäck oder Kaffee.

Ich selbst nutzte oft den freien Nachmittag, um mich noch einmal richtig auszuschlafen. Obwohl wir körperlich nicht viel arbeiten mussten, waren wir doch oftmals sehr erschöpft. Dies ging übrigens nicht nur mir so. Mein Zimmerkollege war eine richtige Schlafratte, er ging auch fast jeden Abend gegen 20.00 Uhr zu Bett. Auch verließ er die Klinik nicht, als er die Möglichkeit dazu bekam. Besuch bekam er sehr selten. In der ganzen Zeit, die wir zusammen waren, hatte er nur ein- oder zweimal Besuch. Und zwar von seinem Bruder. Ich fand das sehr schäbig. Immerhin waren wir fast drei Monate zusammen. Irgendwie tat er mir sehr Leid.
Bei ihm war ich mir ziemlich sicher, dass er nach der Kur wieder anfangen würde zu trinken. Er war ein sehr schüchterner und zurückhaltender Mensch. Ihm fiel es sichtlich schwer, über seine Probleme, Ängste und Sorgen zu reden. Und in persönlichen Gesprächen mit ihm habe ich herausgehört, dass er keine schöne Kindheit hinter sich hatte. Wenn man sich ein Zimmer teilt über diese vielen Wochen, kommt man sich doch automatisch etwas näher. Ich kann trotzdem nicht behaupten, diesen Menschen zu kennen. Obwohl wir viele Wochen in einem Zimmer verbracht haben.

In den folgenden Wochen bekamen wir immer größere Freiheiten. So durften wir einmal in der Woche zum

Schwimmen gehen. Hierzu wurde man von einem Bus abgeholt und wieder zurückgebracht. Natürlich unter Aufsicht eines Therapeuten.
Auch der freie Nachmittag wurde beibehalten, natürlich immer unter der Kontrolle der Therapeuten. Oder es wurde eine Person von ihnen bestimmt. Innerhalb der Klinik hatten wir auch Gemeinschaftsaufgaben zu erledigen. Dazu gehörte z.B. der Küchendienst, der Kehrdienst im Winter oder man musste in der Gärtnerei mitarbeiten. Es standen noch andere Möglichkeiten zur Auswahl, z.B. mit den Betreuern in den Wald zum Holzmachen zu gehen. Oder sich handwerklich zu betätigen, wie Fliesenlegen, Tapezieren oder Malen. Es war sozusagen für jeden etwas dabei. Aber für einen der Dienste musste man sich entscheiden. Einfach nichts zu tun, das ging nicht.

Auch dies hatte natürlich seinen Grund. Es gab Mitpatienten, die früher lange Zeit keiner geregelten Arbeit mehr nachgegangen sind. Mit solchen Gemeinschaftsdiensten sollten sie die Möglichkeit erhalten, sich wieder an geregeltes Arbeiten zu gewöhnen. Manchen Leuten mag das kindisch vorkommen, aber Sie können mir glauben, einige mussten ganz schön kämpfen, bis das wieder geklappt hat.
Ich persönlich hatte damit überhaupt keine Schwierigkeiten. Ich kam ja sozusagen direkt aus dem Erwerbsleben. Mir hat diese Abwechslung sogar Spaß gemacht. So konnte ich auch mal etwas anderes ausprobieren.

Zu unseren erweiterten Freiheiten gehörte auch, dass man jetzt übers Wochenende wegbleiben durfte, sofern man direkte Verwandte hatte. Dies spielte sich so ab: Meine

Frau holte mich Samstagvormittags nach dem Frühstück ab. Über die Zeit des Kuraufenthaltes durfte man ja selbst kein Fahrzeug führen. Und spätestens am Sonntagabend gegen 22.00 Uhr musste man sich wieder in der Klinik bei dem diensthabenden Therapeuten zurückmelden. Anschließend „durfte“ man sich einem Alkoholtest unterziehen. Wie bei der Polizei benutzte der Therapeut ein Blasröhrchen hierzu. Erst wenn dieser Test in Ordnung war, konnte man auf sein Zimmer gehen.
Ich habe einen Fall miterlebt, als der Test bei einem Patienten positiv ausfiel. Er konnte die Nacht noch in der Klinik verbringen. Am nächsten Morgen musste er seine Sachen packen und die Klinik verlassen. Er schlich davon wie ein geprügelter Hund.
In einem weiteren Fall war es so, dass die Polizei einen ehemaligen Patienten, der schon längere Zeit entlassen war, wieder einlieferte. Er war total betrunken und randalierte schwer in der Klinik. Die Ausdrücke, die er benutzte, will ich hier nicht wiedergeben. Schließlich konnten sie ihn überwältigen und beruhigen. Ich vermute mal, mit Beruhigungsmitteln.

Diese Wochenenden zu Hause haben mir und meiner Familie sehr gut getan. Unser Verhältnis normalisierte sich zunehmend. Meine Frau holte mich samstagmorgens ab und ich konnte zwei Tage zu Hause verbringen. Beim ersten Mal bekam ich doch etwas Bammel. Wie würden meine zwei Jungs reagieren?
Wie würden sich die Nachbarn verhalten?
Wie verhielten sich meine Eltern, die ich die ganzen Wochen nicht gesehen hatte?
Meine Befürchtungen waren alle ganz und gar unbegründet. Es lief alles hervorragend. Viele freuten sich und

sagten mir das auch: „Du hast dich aber wieder gut erholt“.
Keine Anspielungen, wofür ich natürlich sehr dankbar war.
Dies war Ansporn genug, mich weiterhin zu bemühen. Ich wollte soviel wie möglich über diese Krankheit und ihre Behandlung wissen.

Mit jedem Wochenende zu Hause fiel es mir leichter, wieder unter Leute zu gehen. Meine Frau und ich redeten in dieser Zeit sehr viel miteinander. Über diese heimtückische und hinterhältige Krankheit und ihre Erscheinungsformen. Ich hatte in der Klinik so viel darüber gelernt, dass ich mein Wissen natürlich loswerden wollte.

In vielen Gesprächen zusammen mit den Therapeuten arbeiteten wir das Thema „Angehörigen und ihr Verhalten“ ausgiebig auf. Die Angehörige von Alkoholkranken werden oft auch als Co-Abhängige bezeichnet. Hinter dieser Bezeichnung verbirgt sich das Vertuschen und Schönreden dieser Krankheit.

Aus meiner Erfahrung kann ich sagen: Lassen Sie sich Zeit um dieses Problem aufzuarbeiten und versuchen Sie, die Krankheit anzunehmen. Je mehr man über diese Krankheit weiß, desto leichter fällt einem die Abstinenz. Die gleiche Zeit benötigt natürlich auch der Angehörige. Er ist ja von dem Problem und seinen Auswirkungen genauso betroffen wie der Alkoholkranke selbst.
Nach so einer Kur werden Sie als Betroffener in manchen Situationen ganz anders reagieren als vorher. Daran müssen sich auch die Angehörigen, Freunde und Bekannte erst gewöhnen. Oft wird sich ein Gefühl der Unsicherheit in ihrem Benehmen einstellen. Wie gehe ich

mit dem Kranken um? Oder umgekehrt: Wie gehe ich als Kranker mit den Menschen um? Deshalb ist Zeit ein unheimlich wichtiger Faktor in meinen Augen. Die Zeit der Gewöhnung für beide Seiten. Man kann solches Umgewöhnen nicht von heute auf morgen vollbringen. Aber mit jedem neuen Tag kann man einen weiteren Schritt vorwärts gehen.

Nachfolgend einige Ratschläge für die Angehörigen von Alkoholkranken.

Die Frage und einige Antworten dazu.

Wie können Sie als Angehöriger dem Alkoholkranken in der Abstinenz helfen?

Bekanntlich muss der Alkoholkranke lebenslang völlig auf den Alkohol verzichten, denn schon die kleinste Menge, sogar eine Weinbrandbohne, kann einen Rückfall in die Sucht einleiten. Den Entschluss, ohne Alkohol zu leben, muss der Alkoholkranke letztendlich selbstständig und einsam fassen. Er muss zutiefst begreifen, dass es in erster Linie um seine eigene Existenz geht.
Als Angehöriger kann man nur unterstützend wirken.

Leben Sie gemeinsam mit Ihrem Partner abstinent. Das ist nicht nur ein Angebot aus dem Taktgefühl heraus, sondern es ist nach der gemeinsam erlebten schweren Vergangenheit viel mehr, es ist ein Zeichen der Einfühlung und des Verständnisses. Wenn auch Sie abstinent leben, sind Sie stets in der gleichen nüchternen Stimmungslage wie Ihr Angehöriger und Sie haben Verständnis dafür, dass bestimmte Geselligkeiten gemieden werden müssen.

Zwar werden Alkoholkranke selten die Abstinenz ihrer Angehörigen einfordern, aber sie sind dankbar, wenn diese ihnen selbstverständlich entgegengebracht wird und sie auf diese Weise nicht alleine gelassen werden.

Sorgen Sie dafür, dass genügend alkoholfreie Getränke zu Hause sind, damit ihr Angehöriger nicht Durst empfinden muss, sondern nach Belieben aussuchen kann. Gönnen Sie ihm auch andere kleine Gaumenfreuden (abwechslungsreiches Essen, Obst, Knabbereien usw.), damit der Verzicht auf Alkohol erleichtert wird.

Ob Sie alkoholische Getränke im Hause aufbewahren und ihren Gästen anbieten können, richtet sich ganz danach, wie sich der Kranke dazu stellt. Wenn er sich eine alkoholfreie Atmosphäre wünscht, sollten Sie ihm dazu verhelfen.
Entscheidet sich der Kranke anders, was ich nicht befürworten kann, sollten Sie wenigstens dafür Sorge tragen, dass keine angebrochenen Flaschen in der Wohnung herumstehen.
Das Verlangen, zu probieren, ist viel zu groß. Zu Hause sollte man ein alkoholfreies Milieu schaffen und bewahren.
Sicher kann man sich an jeder Hausecke Alkohol kaufen, aber zu Hause sollte man sich solchen Gefahren nicht aussetzen.

Achten Sie darauf, dass der abstinent lebende Partner nicht in eine neue Abhängigkeit durch Tabletten gerät. Er will zwar keinen Alkohol mehr trinken, versucht aber manchmal, sich durch entspannende Medikamente innerlich auszugleichen. Hier empfehle ich ausreichende körperliche Betätigung, sei es Sport, wie ich es betreibe, oder ein anderes Hobby, z.B. Gartenarbeit.

Ziehen Sie einen dicken Schlussstrich unter die Vergangenheit. Aber beachten Sie: eine heilende Wunde braucht Ruhe und Zeit. Leben Sie bewusst gemeinsam in die neue Zukunft hinein.

Schließen Sie sich einer abstinenten Gruppe an. Dies ist für Alkoholkranke und für Sie selbst zumindest am Anfang notwendig. Obwohl ich auf die Dauer das nicht für die richtige Lösung halte. Suchen Sie sich die Gruppe ganz genau aus. Beachten Sie dabei, dass Sie sich nicht noch mehr in der Gesellschaft isolieren. Verstehen Sie mich nicht falsch, nicht dass ich gegen die Selbsthilfegruppen bin, aber ich habe die Erfahrung gemacht, dass sich die Gruppen oft selbst isolieren, indem sie nur gemeinsame Aktivitäten unternehmen. Dies halte ich für sehr gefährlich. Natürlich kann einen die Gruppe am Anfang der Abstinenz stärken und unterstützen. Nach einer bestimmten Zeit aber sollte man auf eigenen Beinen stehen und sich durchaus auch selbstbewusst verhalten.

Üben Sie wieder eine echte Partnerschaft ein. Die durch die Sucht bedingte dominierende Rolle des Partners muss aufgegeben werden. Oft mussten Sie die Entscheidungen in der Familie übernehmen, dies ist aber jetzt vorbei. Nun ist ihr Partner wieder nüchtern und Sie können alles gemeinsam bereden und entscheiden. Sie sollten sich Zeit nehmen und in Gesprächen offen zueinander sein. Bei Auseinandersetzungen achten Sie darauf sachlich zu bleiben und nicht mit Vergangenem zu argumentieren. Seien Sie einfach fair.

Eine lebenslange Abstinenz bedeutet zwar Verzicht auf Alkohol, sie allein aber schenkt dem Alkoholkranken die Gesundheit wieder.
Sollte man diesen Verzicht nicht leisten, um gemeinsam nüchtern und zufrieden zu leben?
Wenn dies gelingt, wird das Zusammenleben glücklicher und sicherlich reicher sein als bei vielen anderen Paaren, die einfach in den Tag hineinleben.
Dies kann ich aus eigener Erfahrung nur unterstreichen.

Ein weiterer Punkt vieler Vorträge und Gespräche während unseres Aufenthalts in der Fachklinik war:

Wie wirkt sich Alkohol auf unseren Körper aus und was für Schäden können entstehen?

Wie viel Alkohol kann eine gesunde Leber verarbeiten, bis sie anfängt zu streiken? Jeder Mensch verfügt nun mal nur über eine einzige Leber und dann muss es einem einfach wie Schuppen von den Augen fallen, dass man sie nicht permanent mit Alkohol überschütten kann.
Auch die Bauchspeicheldrüse ist ein sehr wichtiges und empfindliches Organ. Sie ist für unseren Zuckerhaushalt zuständig. Dauernder Alkoholkonsum kann sie genauso schädigen. Deshalb sind viele Alkoholkranke gleichzeitig auch Diabetiker.
Übrigens, haben Sie gewusst, dass die Leber fast ausschließlich für unseren Stoffwechsel zuständig ist?
Diese und weitere Fragen sind angesprochen und ausgiebig diskutiert worden.

Der Alkoholkonsum ist in einem Vierteljahrhundert in der Bundesrepublik um mehr als 30% angestiegen. Seit der Wiedervereinigung dürfte er noch um einiges höher liegen.

Parallel dazu verläuft auch die Kurve des Alkoholismus, ein Zusammenhang, der uns zu denken geben muss.

Wo beginnt es nun?

In der Schaltzentrale Gehirn beginnt es.

Der griechische Arzt Alkmäon hat gut 500 Jahre vor Christus darauf hingewiesen: Im Gehirn liegt die Führung (Steuerung) des Menschen. Ein Fachkenner wie der Schweizer J. Odermatt formulierte das so: Der Kernpunkt der Alkoholfrage liegt im Gehirn. Da unser Zentralnervensystem wiederum durch das Gehirn gesteuert wird, ist der unmittelbare Zusammenhang zwischen Alkoholeinnahme, Gehirn und Nervensystem deutlich erkennbar. Schon aus der Schule wissen wir zudem, dass das Großhirn Sitz unseres Bewusstseins ist, von hier aus also auch unser Denken und Fühlen bestimmt wird.

Die Wirkung des Alkohols hat immer eine Euphorisierung, einen bestimmten Zustand zur Folge. Diese Beschwingtheit ist im Grunde eine Enthemmung, die oft genug - auch durch die Werbung - mit Entspannung verwechselt wird.
Schüchterne Menschen werden selbstbewusster, überarbeitete Menschen fühlen sich gelöster und Belastungen

werden mit zunehmender Alkoholzufuhr zu Bagatellen. Dass im gleichen Umfang die Reaktions- und Konzentrationsfähigkeit nachlassen, wird kaum wahrgenommen. Dies kann ich wiederum aus eigener Erfahrung bestätigen. Auch in meinem Arbeitsumfeld gibt es diese Erscheinungen, oft auch bei führenden Angestellten.

Der Alkohol durchdringt auch jene Gehirnschichten die die Persönlichkeitsdarstellung eines Menschen ausmachen - sein Denken, Handeln und Fühlen. Aber auch seine ethischen Vorstellungen und moralischen Verhaltensweisen.

Die steuernde und kontrollierende Schaltzentrale Gehirn wird blockiert. Damit hat der Alkohol die Schwelle vom Genussmittel zum Rauschmittel überschritten. Die Gefahr, alkoholabhängig zu werden, ist eingeleitet.
Und zu dieser Gefährdung bedarf es eben nicht immer großer Trinkmengen, wie leider allzu häufig angenommen wird.

Der Organismus reagiert immer.

Bei der Einnahme von Alkohol werden zunächst Speiseröhre und Magen betroffen. Im Gegensatz zu Wasser und anderen Nährstoffen, bei denen die Magenschleimhaut als Hindernis auftritt, ist sie beim Alkohol durchlässig. Der Alkohol dringt daher zum Teil bereits im Magen unmittelbar in die Blutbahn ein. Ein Großteil des Alkohols gelangt durch den Dünndarm direkt in den Blutkreislauf. Das aber heißt nicht: Dass Alkohol verdaut wird.

Der Abbau des Alkohols im Körper erfolgt nahezu ausschließlich in der Leber. Etwa ein Gramm Alkohol je zehn Kilogramm Körpergewicht wird in einer Stunde abgebaut. Dieser Alkoholabbau ist nicht zu beschleunigen, weder durch Kaffee oder sonstige Mittel.

Die Leber wird sozusagen zum ersten Angriffspunkt des Alkohols. Als lebenswichtiges Stoffwechselorgan hat sie nämlich zwei wichtige Funktionen: Entgiftung des Körpers von Schadstoffen aller Art und die Bildung von Enzymen, die auch für den Alkoholabbau unersetzlich sind. Schon geringe Mengen Alkohol können eine Veränderung im Zellenaufbau der Leber verursachen.
Deshalb kommt der Leberschädigung durch Alkohol eine entscheidende Bedeutung zu. Denn - bei regelmäßiger starker Alkoholzufuhr kann dieses Stoffwechselorgan den Alkohol nicht mehr oder nur unzureichend wechseln, also abbauen.

Folgende Leberschädigungen hängen direkt mit dem Alkoholkonsum zusammen:

Die Alkoholfettleber, der häufigste Alkoholleberschaden. Durch zunehmende Fetteinlagerungen vergrößert sich die Leber bei gleichzeitiger Zurückdrängung der echten Leberzellen. Eine sinkende Entgiftungsbereitschaft ist die Folge. Der normale Fettgehalt der Leber liegt bei 2% bis 4% ihres sogenannten Feuchtgewichtes. Steigt der Fettgehalt über 10% (über 50% des Lebergewichtes selbst) spricht man von einer Fettleber. Bei rechtzeitiger Erkennung und Alkoholabstinenz ist die Prognose zur Heilung sehr günstig.

Unter Leberschrumpfung versteht man die gefährliche Leberzirrhose, und das bedeutet soviel: regelmäßiger Abbau des lebenswichtigen Lebergewebes. Es wird geschätzt, dass gut die Hälfte der auf Leberzirrhose zurückzuführenden Frühinvaliditäts- und Todesfälle auf chronischen Alkoholmissbrauch zurückzuführen sind. Um es an dieser Stelle bereits deutlich zu sagen: Alkoholmissbrauch ist nicht unbedingt identisch mit Alkoholsucht! Es wäre mehr als leichtsinnig, sich etwa einreden zu wollen: Ich trinke zwar regelmäßig Alkohol, aber ich torkle ja nicht herum wie die Süchtigen.

Nach der Leber ist die Bauchspeicheldrüse ein weiterer Angriffspunkt des Alkohols. Über die Entzündung der Bauchspeicheldrüse (Pankreatitis) wissen die Ärzte ein Lied zu singen. Alkoholiker stellen die zweitgrößte Gruppe dieser zunächst kaum erkannten Erkrankung dar. Die Erkrankten klagen zunächst und häufig lange Zeit über Beschwerden und Schmerzen im Bauch, ein mitunter lange anhaltendes Völlegefühl im Oberbauch macht sich bemerkbar und wird oft genug zunächst auf zu viel „Luftschlucken“ oder „Blähungen“ zurückgeführt.

In der Fachklinik konnte ich mehr darüber erfahren. Da ich selbst schon an einer Bauchspeicheldrüsenentzündung gelitten hatte, wusste ich, wie schmerzhaft sie sein kann. Die Bauchspeicheldrüse ist ein sehr empfindliches Organ und für die Zuckerbildung in unserem Körper verantwortlich. Bei chronischem Alkoholkonsum kann sie sich unter Umständen sogar selbst auflösen. Dieser Vorgang ist aber mit fast unerträglichen Schmerzen verbunden. Durch die Schädigung der Bauchspeicheldrüse kann die Zuckerbildung nicht mehr ausreichend erfolgen. Aus diesem Grunde sind viele Alkoholiker gleichzeitig auch

Diabetiker. Ich hatte dies vorher schon einmal erwähnt. Diese Tatsache ist in der Öffentlichkeit nicht so sehr bekannt. Aber bei einem Arbeitskollegen konnte ich dies genauer verfolgen und muss der oben genannten Darstellung eindeutig zustimmen.

Zur Vervollständigung der alkoholbedingten Krankheiten darf die Herz-Gefäßerkrankung nicht fehlen. Sie ist eine Folge von starkem Alkoholkonsum. Die koronare Durchblutung wird je nach Trinkmenge deutlich vermindert. Bei Fortsetzung von regelmäßigem, starken Trinkens, in den überwiegenden Fällen übrigens mit starkem Rauchen verbunden, ist eine Herzmuskelschädigung nicht auszuschließen, sondern sehr wahrscheinlich.

Eine Pille gegen Alkohol gibt es nicht.

Viele Menschen, die sich mit diesem Problem nicht sonderlich auskennen oder sich noch nie mit der Materie beschäftigen mussten, glauben: Man kann doch zu einem Arzt gehen und sich eine Tablette oder Medikamente verschreiben lassen und damit ist das Problem gelöst.

Fast regelmäßig erhalten jene, die sich mit dem Problem Alkohol herumschlagen, Anfragen nach geeigneten Medikamenten. „Damit mein Mann oder meine Frau mit dem Trinken aufhört". Natürlich sollte so ein Wundermittel auch noch heimlich verabreicht werden können. Diesem Trugschluss bin auch ich aufgesessen. Auf anraten meiner Eltern habe ich mich mit einem Heilpraktiker in Verbindung gesetzt und er hatte wie selbstverständlich ein Mittelchen für mich parat. Da dieses Medikament nicht von der Krankenkasse bezahlt wurde, aus gutem Grund, haben dies in meinem Fall die Eltern übernommen. Sie erhofften sich, dass dies zu einer Besserung meiner Krankheit führen würde. Und weil ich sie nicht verprellen wollte, habe ich zugestimmt. Einen Versuch war es ja wert.

Die Wirkung war gleich Null. Und es hat lange gedauert, bis ich dies meinen Eltern wieder beigebracht hatte. Diese Maßnahme hat nur einem geholfen, dem Heilpraktiker. Er ist um einige hundert Mark reicher geworden. Diesem Heilpraktiker war mit Sicherheit schon vorher klar, dass diese Maßnahme zum Scheitern verurteilt sein musste. Er hat sozusagen aus meiner Krankheit und aus meiner besonderen Situation Kapital geschlagen.

Eine solche Wunderpille gibt es ganz einfach nicht. Nirgendwo. Was es gibt, sind Stützungsmittel, die aber nur unter ärztlicher Kontrolle verabreicht werden dürfen. Gleichzeitig muss eine Aufklärung des Patienten erfolgen.

Durch diese Präparate soll der Wille des Alkoholkranken gestützt werden, abstinent zu bleiben. Keinesfalls besteht die Wirkung dieses Präparates darin, süchtiges Verlangen aufzuheben oder gar zum normalen also kontrollierten Trinkens wieder zurückzukehren. Dies wäre ein fataler Irrtum.
Mit diesen Mitteln wird der Kranke sozusagen in einen Zustand versetzt, in der es möglich ist, ihn zu einer umfassenden Behandlung zu motivieren. Natürlich ist auch hier die Behandlung umso erfolgreicher, je freiwilliger sie eingegangen wird.

Weitere Erlebnisse . . .

An ein Erlebnis kann ich mich heute noch gut erinnern. Wir hatten das Thema Alkohol in den Speisen behandelt. In welchen Speisen ist Alkohol enthalten? Ein sehr ergiebiges Thema, da wir ja täglich damit konfrontiert werden. Prinzipiell kann man sagen: Alkohol wird für viele Lebensmittel verwendet, die konserviert werden müssen.
Um zu testen, wie weit wir in der Lage sind, das Besprochene umzusetzen, haben wir beschlossen, einen Ein-Tages-Ausflug zu unternehmen. Natürlich in Begleitung unseres Therapeuten.
So machten wir uns mit dem Bus gleich nach dem Frühstück auf den Weg. Unser erster Anlaufpunkt war ein Museum, um die Kultur nicht zu kurz kommen zu lassen. Nachdem wir dieses Museum ausgiebig besichtigt hatten, ging es dann in eine Wirtschaft zum Mittagessen. Dass wir hier keine alkoholischen Getränke bestellen würden, dies lag in der Natur der Sache. Wir waren durch unseren Therapeuten angehalten, nach Alkohol in den Speisen und speziell in den Soßen zu fragen.
Vielen in unserer Gruppe ist das sehr schwer gefallen. Die Wirtsleute wunderten sich sicher, dass fast alle ausnahmslos Schnitzel mit Pommes bestellt haben. Natürlich ohne Soße, um so der peinlichen Fragerei aus dem Weg zu gehen. Ich muss zugeben, wir kamen uns dabei ganz schön lächerlich vor. Trotzdem muss dieses Thema sehr ernst genommen werden. In der Küche wird ja bekanntlich viel mit Alkohol gekocht und abgeschmeckt. Speziell die Soßen werden in den Gaststätten oder Wirtschaften mit Wein oder Cognac verfeinert. Dies ist fast in jeder Speisekarte nachzulesen. Und es ist sehr zu

empfehlen, die Karte vorher zu lesen, bevor man ein Gericht bestellt. Damit geht man auch der lästigen und peinlichen Fragerei nach Alkohol aus dem Weg. Auf der sicheren Seite befindet man sich in der Regel, wenn ein Gericht ohne Soße bestellt wird.
Ich selbst habe dies nach meiner Kur oft so gehalten. Zumindest in der Anfangszeit. Später geht der Blick automatisch durch die Speisekarte. Meine Frau und ich gehen ab und zu in die Wirtschaft zum Essen. Ich bestelle eben Gerichte, bei denen ich sicher bin, dass die Soßen nicht mit Alkohol verfeinert sind. Ich bin damit bisher ganz gut gefahren. Bei den Getränken ist das heute überhaupt kein Problem mehr, wenn man alkoholfrei zum Trinken bestellt. Im Gegenteil, ich habe den Eindruck, den Wirtsleuten ist es oft recht, denn die Gewinnspanne ist bei alkoholfreien Getränken deutlich höher als bei alkoholhaltigen Getränken.

Nach dem Essen einen Kaffee zu trinken, gehört heute fast schon zum guten Ton. Seit die Promillegrenze noch weiter gesenkt wurde, fällt es sowieso nur noch wenigen auf, wenn man zum Essen keinen Alkohol trinkt. Und somit ist die Gefahr sehr gering, gleich zum Alkoholiker abgestempelt zu werden.
Das Fahren unter Alkoholeinfluss ist sowieso gefährlich genug. Auch im Hinblick auf seinen Führerschein und die Folgen daraus, sollte man ihn von der Polizei abgenommen bekommen. Deshalb habe ich als Alkoholiker hier sogar noch Vorteile, um das einmal so leger auszudrücken. Um meinen Führerschein brauche ich mir keinerlei Gedanken zu machen, zumindest nicht wegen Alkohol am Steuer.
Somit kann man durchaus der Abstinenz auch positive Seiten abgewinnen.

Wie gesagt, an dieses Erlebnis kann ich mich recht gut erinnern. Wahrscheinlich wegen der beklemmenden Situation in der Gaststätte. Sie war für jeden von uns peinlich und ungewohnt. Früher verhielten wir uns ja ganz anders in solch einer Situation. Auch den Wirtsleuten kam das Ganze unwirklich vor, sie haben sich sicher gefragt: Was sind denn das für komische Gestalten? An ihrem Verhalten konnte man das deutlich feststellen. Aber nachzufragen haben sie sich auch nicht getraut.

So verging eine Woche nach der anderen. Langsam aber sicher ging einem die Frage nicht mehr aus dem Kopf: Wann ist es endlich so weit? Wann kann ich die Klinik endlich verlassen?
In einem anderen Kapitel habe ich schon erwähnt, dass hier die Therapeuten ein gewichtiges Wort mitzureden haben. Aber natürlich nicht nur sie alleine.
Auch die Rentenversicherungsanstalt, die diese Kur in der Fachklinik bezahlt, hat bestimmte Grenzen mit festgelegt.

Es gibt verschiedene Behandlungsstufen

1. Eine ambulante Behandlung

Dieser Behandlungsform gebe ich nur sehr geringe Chancen auf einen dauerhaften Erfolg. Sie beruht auf einer stationären Entgiftung und einem anschließenden Besuch einer Selbsthilfegruppe.

2. Die kurzfristige stationäre Behandlung

Diese Behandlungsform hat zum damaligen Zeitpunkt zwischen acht und zwölf Wochen gedauert. Das ganze Programm einer Langzeittherapie wurde hier in Kurzform behandelt und durchgezogen. Der dauerhafter Erfolg einer solchen Behandlung, hängt von der Persönlichkeit des Patienten und einem sehr starken Selbstbewusstsein ab.

3. Die mittelfristige stationäre Behandlung

Dieser Behandlungsform gebe ich die allergrößten Chancen. Sie beinhaltet einen zeitlichen Rahmen, in dem man wirklich die Chance hat, sich neu zu orientieren. Und trotzdem bleibt noch genügend Zeit, sich mit der Krankheit und ihren Folgen intensiv auseinander zu setzen. Die Aufenthaltszeit ist auch nicht zu lange, um den Kontakt zur Arbeitsstelle ganz abreißen zu lassen. In der Regel bewegt sich die Behandlung in einem Zeitraum zwischen 16 und 24 Wochen. Dieser Zeitraum, denke ich, ist ideal um sich langsam aber sicher zu ändern. Für viele ist die Anzahl der Wochen am Anfang erschreckend. Aber ich kann Ihnen versichern, will man ernsthaft an seinem Problem arbeiten, ist diese Zeit dringend erforderlich.

4. Die langfristige stationäre Behandlung

Sie dauert meist 1 Jahr oder noch länger. Hierbei sind bei den meisten Patienten bereits erste Gehirnschädigungen festzustellen. Ob solche Therapien dann noch sinnvoll sind und Erfolg versprechen, kann ich nicht beurteilen. Ein weiterer Umstand kommt noch hinzu: Das Alter.

Denn es ist erwiesen, dass der Kranke ab einem bestimmten Alter nicht mehr therapiefähig ist.

Aber unabhängig davon, für welche Behandlungsform und Behandlungsdauer man sich entscheidet: Für den Alkoholkranken ist diese Behandlung eine Existenznotwendigkeit.

Ich selbst entschied mich für die mittelfristige Lösung. Natürlich in Abstimmung mit meinem Therapeuten. Aus meiner heutigen Sicht empfehle ich jedem Kranken eine Kur, die zeitlich ausreichend ist. Sie darf auf keinen Fall zu kurz sein. Sonst setzen Sie den Erfolg der Kur aufs Spiel. Und aus finanzieller Sicht war ich positiv überrascht. Die finanzielle Unterstützung, die ich von der Krankenkasse und der Rentenversicherungsanstalt bekam, war ausreichend. Natürlich kann man damit kein überschwängliches Leben führen. Aber man kommt ganz gut damit über die Runden. Also wenn der Verdienstausfall sich in Grenzen hält, spricht doch nichts dagegen, diese für mich wertvolle Zeit voll auszunutzen. Ich habe diese Zeit sehr genossen.

Endlich hatte ich ausreichend Zeit, mich mit mir selbst zu beschäftigen. Und was noch wichtiger war, ich hatte einen Therapeuten, dem ich voll vertraute. Bei diesem Therapeuten hatte ich das Gefühl, dass er mich versteht. Und dieser Umstand hat sicherlich zu einen großen Anteil am positiven Ausgang beigetragen.
Deshalb rate ich jedem, der zu einer Beratung, zu einem Psychologen oder zu einem anderen Fachmann geht: Achten Sie sehr auf die menschliche Beziehung. Man muss sich bei einem solchen Menschen verstanden fühlen. Diese Tatsache kann ich nicht oft genug wiederholen,

denn sie bringt am ehesten den Erfolg. Ich kann dies aus eigener Erfahrung bestätigen und ich habe weiß Gott einige Therapeuten erlebt. Es ist vergleichbar mit den Ärzten, entweder man vertraut ihnen oder eben nicht. Der Erfolg oder Misserfolg hängt sehr oft mit dem Umstand des gegenseitigen Vertrauens zusammen.

Blicke ich heute zurück, stelle ich fest: Mir konnte nichts Besseres passieren. Alles harmonierte zusammen, die Fachklinik, die Behandlungszeit, die Umgebung und natürlich die behandelnden Therapeuten. Alles war in bester Ordnung. Jedem, der sich mit dem gleichen Problem herumschlägt, rate ich: Versuchen Sie diesen Schritt, Sie können nichts dabei verlieren. Ich habe während des Aufenthalts in der Fachklinik und danach sehr viele positive Erlebnisse seitens meiner Mitmenschen erlebt.

Aussagen wie: „Mensch, siehst du wieder gut aus!“ oder: „du hast dich aber wieder gut erholt“ taten mir unwahrscheinlich gut. Solche Sätze bestärkten mich doch sehr in dem Bemühen weiterzumachen. Schritt für Schritt wieder zurück zur Normalität. Und dass es funktionierte, dafür bin ich der lebende Beweis. Seit meiner Kur vor etwa acht Jahren bin ich trocken und zwar auch ganz ohne die Unterstützung der Selbsthilfegruppen. Ich fühlte mich stark genug, die Abstinenz ohne fremde Hilfe durchzuhalten. Die Abstinenz ist für mich zur Gewohnheit geworden. Sie gehört zu mir wie das Essen und Trinken oder das Aufstehen und Schlafengehen.

Die Kur näherte sich nun ihrem Ende und es begann die Vorbereitung auf unser neues Leben. In den Gesprächsrunden in der Gruppe und in Einzelgesprächen versuchten wir uns auf bestimmte Situationen vorzubereiten. Auch Rollenspiele wurden dazu verwendet.

Es ging um Fragen: Wie bewerbe ich mich um eine Arbeitsstelle? Muss ich meinem zukünftigen Chef von meiner Krankheit erzählen? Wie verhalte ich mich bei Festlichkeiten, Veranstaltungen oder Ähnlichem? Kann mir mein Partner in irgendeiner Form helfen? Es gibt unzählige Situationen, in denen ich eine Entscheidung treffen muss. Wie reagiere ich am besten darauf? Später werde ich ein paar Erlebnisse von mir erzählen und wie ich mich, teilweise mit Hilfe meiner Frau, aus der Affäre gezogen habe.

Auch der Rückfall ist nicht ausgespart worden und wurde ausgiebig besprochen. Während unseres Aufenthalts in der Klinik wurden wir darüber aufgeklärt, dass die kleinste Menge Alkohol zu einem Rückfall führen konnte. Wie verhalte ich mich als Betroffener?
Vor allen Dingen darf keine Panik aufkommen. Sondern man muss sich in Ruhe ganz bewusst machen, was passiert war. Als nächsten Schritt empfehle ich, sich einer Vertrauensperson zu offenbaren und das weitere Vorgehen zu bereden. Keinesfalls aber das Ganze unter den Teppich kehren. Sonst ist die Gefahr viel zu groß, dass alles verharmlost wird. So nach dem Motto: Einmal ist keinmal und zweimal nicht viel. Über kurz oder lang würde der Weg wieder in den alten Trott zurückführen. Der Suchtvorgang ist in diesem Moment wieder in Gang gesetzt. Die vorausgegangene Kur ist damit nutzlos geworden. Im schlimmsten Fall müsste man noch einmal eine Entgiftung vornehmen lassen und eine weitere Kur anhängen.

In der Fachklinik konnte ich einige Rückfall-Patienten kennen lernen. Sie waren schon drei- oder viermal rückfällig geworden. Und in jedem einzelnen Fall war festzustellen: Sie glaubten felsenfest, dass sie es alleine schaffen können. Ich behaupte sogar: Sie haben sich für den Rückfall geschämt und deshalb mit niemandem darüber geredet.

Das Ergebnis war dann auch ganz klar. Nach einer bestimmten Zeit ist ein erneuter Aufenthalt in einer der Fachkliniken notwendig geworden.

Vorbereitung

Zur Vorbereitung auf unser neues Leben ohne Alkohol gehörte auch die Bewerbung um eine Arbeitsstelle. Oder, wie das bei mir der Fall war, Kontakt zu meiner alten Firma wieder aufzunehmen.

Um dies besser vorbereiten zu können, haben wir zusätzliche freie Tage bekommen. Das Vorstellungsgespräch musste ja an einem Arbeitstag stattfinden. Die zusätzlichen freien Tage waren natürlich sehr angenehm. Weniger angenehm waren die Gedanken, die mich beschäftigten. Wie würden sich meine alten Arbeitskollegen mir gegenüber verhalten? Und deshalb hatte ich auch etwas Bauchschmerzen bei dem Gedanken.

Der erster Schritt war, telefonisch Kontakt mit meinem Abteilungsleiter aufzunehmen. Er war sehr zuvorkommend und nach dem Gespräch hatte ich ein sehr gutes Gefühl. Er lud mich ein, an einem der nächsten Tage einmal vorbeizuschauen. Und je näher dieser Tag kam, desto unruhiger wurde ich. Trotz des ersten Telefonkontaktes hatte ich noch viele Selbstzweifel.

Viele Gedanken gingen in meinem Kopf herum. Wie war das doch früher, als ich noch heimlich Alkohol trank. Ich hatte mich oft zur Samstagsarbeit bereit erklärt, weniger wegen dem zusätzlichen Lohn, sondern eher aus dem Gefühl heraus, dadurch meinen Arbeitsplatz gesichert zu haben. Und ich hatte damals ein gutes Gefühl, weil ich mir eingebildet habe, die Geschäftsleitung würde meine Mehr-Leistung anerkennen und die Trinkerei tolerieren.

Dem war natürlich nicht so. Eine glatte Fehleinschätzung der Situation, wie mir später schmerzlich beigebracht wurde.
Und da war noch etwas, was mich quälte. Der ausgeübte Druck zu diesem meinem Kuraufenthalt habe ich meinen Vorgesetzten lange Zeit nicht vergessen können.
Heute hege ich keinen Zorn mehr gegen sie. Ich habe eingesehen, dass sie damals Recht hatten. Und ich habe lange gebraucht, bis ich das zugeben konnte.

Diese und viele andere Gedanken beschäftigten mich doch sehr. Aber dieser bestimmte Tag rückte unaufhaltsam näher. Und als es so weit war, habe ich mich zusammengenommen und ließ mich durch meine Frau in den Betrieb fahren.

Was mich erwartete hat mich dann doch sehr berührt. Die ehemaligen Kollegen haben mir die Hände geschüttelt und mich in aufmunternde Gespräche verwickelt. Sie waren natürlich sehr neugierig, wie es mir denn so ergangen ist. Ihnen war ja nicht bekannt, wie es in einer Fachklinik so abläuft. Ich habe ihnen dann auch einige Erlebnisse erzählt. Vom Tagesablauf, von Gesprächsgruppen, vom Essen und der Unterbringung usw.

Ich fühlte mich so, als ob ich einen längeren Urlaub gemacht hätte und heute zurückgekehrt war. Mit solchen Reaktionen habe ich auf gar keinen Fall gerechnet. Eher mit tuschelnden und etwas zurückhaltenden Kollegen. Wie gesagt, ich war sehr positiv überrascht. Und auch nicht einer ließ zynische Bemerkungen über meine Alkoholprobleme von früher fallen.

Nachdem ich meine Kollegen etwas aufgeklärt hatte, kam mein Abteilungsleiter mit der Frage auf mich zu: Wann genau kannst du wieder anfangen? Ich konnte ihm den genauen Termin damals noch nicht sagen. Er hatte dafür Verständnis. Doch sicherte ich ihm zu, mich sofort telefonisch mit ihm in Verbindung zu setzen, sobald der genaue Termin feststand. Mein alter Arbeitsplatz war also erhalten geblieben und ich hätte sofort wieder beginnen können. Die Geschäftsleitung hatte also Wort gehalten. Über diese Tatsache habe ich mich sehr gefreut. So fiel mir der erneute Anfang wesentlich leichter.
Der Betrieb ist nach dem Gesetz nur verpflichtet, einen Arbeitsplatz freizuhalten. Es hätte durchaus auch ein anderer Arbeitsplatz innerhalb des Betriebes sein können.

Ich konnte unter besten Voraussetzungen wieder beginnen. Und für mich war selbstverständlich klar, dass ich diese Menschen, die mir so viel Vertrauen entgegenbrachten, auf keinen Fall enttäuschen wollte.

Durch sie habe ich die Möglichkeit erhalten, finanziell wieder auf die Beine zu kommen. Was absolut nicht selbstverständlich ist. Mir ist auch durchaus bewusst, dass in anderen Betrieben das ganz anders ablaufen kann.

In diesem Zusammenhang bin ich der Auffassung, dass die Fragen über den Arbeitsplatz vor der eigentlichen Kur geklärt sein sollten. Dies würde für den Kranken eine gewisse Sicherheit bedeuten und den Erfolg einer Kur mitbestimmen. Viele Arbeitgeber gehen hier ihrer sozialen Verantwortung aus dem Weg. Aber genau an diese Verantwortung und Fürsorgepflicht gegenüber ihren Untergebenen sollten sie deutlich erinnert werden. Sei es durch ein offenes Gespräch oder mit Hilfe des Betriebsrates. In den größeren Betrieben gibt es durchaus die Möglichkeit, den Betriebsrat einzuschalten, um hier eine befriedigende Lösung zu finden. In den kleineren Betrieben muss man sich wohl oder übel mit dem Chef selbst in Verbindung setzen. Dies ist mit Sicherheit für den Betroffenen selbst nicht einfach. Es gibt da eine weitere Möglichkeit. Sollte man sich so ein Gespräch nicht zutrauen, kann ein fachlicher Berater hinzugezogen werden. Informationen darüber gibt es in jeder Suchtberatungsstelle.

Meine Arbeitskollegen, meine Vorgesetzten und unsere Geschäftsleitung haben einen großen Anteil an dem, was ich heute bin.

Immer noch trocken.

Sexualität

Dieses sehr heikle Thema durfte natürlich auch in der Fachklinik nicht fehlen und wurde lebhaft diskutiert. Unsere Therapeutin passte sehr gut zu diesem Thema, denn sie war äußerst attraktiv. Was wiederum für viele in der Gruppe eine Hemmschwelle darstellte. Bei anderen wiederum führte das zu Frotzeleien innerhalb der Gruppe. Wir saßen zusammen in der Runde und die hübsche Therapeutin versuchte, uns Entspannungsübungen zu zeigen. Bei manchen ihrer Patienten gelang das ausnehmend gut. Sie schliefen bei den Übungen kurzerhand ein.

Aber wir lernten auch, dass zunächst unter Alkoholeinfluss die Potenz gesteigert werden kann. Später, wenn dann der Alkohol zur Regel wird, bewirkt er genau das Gegenteil. Es kann zur Impotenz kommen.

Jeder, der schon in unserer Situation war, weiß ganz genau, dass das Sexualleben nicht mehr in Ordnung ist. Dies wurde in vielen Gesprächen sehr deutlich. Die sexuelle Störung traf bei fast jedem zu. Bei einem mehr, beim anderen weniger. So richtig rausrücken wollte damit natürlich nicht jeder. Dies stieß auch auf Verständnis der Therapeutin.
Lebt man aber abstinent, wird man wieder zu einem ausgeglichenen und gefühlvollem Sexualleben zurückfinden. Viele Paare konnten das angeblich berichten. Oft sind die Beziehungen viel intensiver als früher. Unsere hübsche Therapeutin stellte uns dies anschaulich dar.

Und aus eigener Erfahrung kann ich dem zu 100 % zustimmen. Für den Partner ist diese Umstellung natürlich auch gewöhnungsbedürftig. Aber an solche positive Umstellungen gewöhnt man sich in der Regel sehr schnell.

Früher torkelte man mit einer Alkoholfahne ins Schlafzimmer und dann bildete man sich auch noch ein, guten Sex zu machen. Für den Partner war dies sicherlich oft erniedrigend. Heute, in nüchternem Zustand ist das ganz anders. Mit Sicherheit viel gefühlvoller und erfüllter als früher. Und zwar auf beiden Seiten.

Zu einer guten Ehe und einem guten Zusammenleben gehört nun mal ein zufriedenes Sexualleben.
Prüfen Sie sich selbst.
Wie viel bedeutet Ihnen ein erfülltes Sexualleben?

Nachsorge bei ambulanter Behandlung

Auch ich befand mich in dieser Lage. Damals glaubte ich noch, dass ich es alleine schaffen kann. In meiner Lebensgeschichte habe ich dies schon kurz beschrieben.

Nach heutigem Wissensstand schaffen es laut Statistik 10% aus eigenem freien Willen, trocken zu bleiben. Etwa 25% sind nach einer kurzen Therapiezeit zumindest zeitweise trocken.
Die größten Erfolge bringen aber eine von Fachleuten betreute Langzeittherapie. Und genau dies ist die große Chance, da hier auf eine sorgfältige, auf jeden einzelnen Patienten abgestimmte Nachsorge geachtet wird. Die Nachsorge ist bestimmt genauso wichtig wie die eigentliche Therapie.

Bei einer ambulanten Entgiftung wird von der Krankenhausseite auf eine Nachsorge gänzlich verzichtet. Aus schulmedizinischer Sicht wird man nach etwa fünf bis zehn Tagen, so lange dauert eine Entgiftung, als körperlich gesund entlassen. Und der Alkoholkranke bleibt sich selbst überlassen. In aller Regel geht dies nur ein paar Tage gut.

Aus meiner Erfahrung heraus ist dies aber der falsche Weg. So wie ich das betrachte, müsste der Kranke nach der Entgiftung direkt in eine Fachklinik wechseln können. Um dort sofort die Langzeittherapie zu beginnen. Deshalb ist eine terminliche Abstimmung notwendig. Das Ganze zu koordinieren ist aus meiner Sicht unverzichtbarer Bestandteil einer Beratung oder Suchtbetreuung. Ich habe die ganze Situation anders erlebt und bin nicht glücklich damit geworden. Deshalb rate ich jedem, diese terminliche Abstimmung unbedingt vorzunehmen. Sie ersparen sich unangenehme Tage.

Als ich damals meine ambulante Entgiftung hinter mir hatte, bin ich als gesund aus dem Krankenhaus entlassen worden. Bis ich endlich eine Zusage aus einer Fachklinik erhielt, musste ich nochmals zwei Monate warten. In der Zwischenzeit musste ich wieder anfangen zu arbeiten. Ich war ja als gesund aus dem Krankenhaus entlassen worden. Natürlich dauerte es nicht lange und ich befand mich wieder in meinem alten Trott. Obwohl ich mir fest vorgenommen hatte, dies zu verhindern.
Meine Familie litt unter dieser Situation genauso wie ich. Diese zwei Monate haben mir deutlich gezeigt, dass ich es alleine nicht schaffe. Die letzten Zweifel waren somit auch zerstreut.
Deshalb rate ich nochmals eindringlich jedem, dem eine Entgiftung bevorsteht: Legen Sie den Zeitpunkt so, dass sofort anschließend eine Therapie begonnen werden kann. Auch mit Rücksicht auf die Familie ist das sehr sinnvoll. Als ich nach dem Krankenhausaufenthalt wieder nach Hause kam, waren sofort wieder Gerüchte im Umlauf.

Meine Frau musste sich oft lästigen Fragen stellen. Die Bekannten, die sich nach mir erkundigten, haben es mit Sicherheit gut gemeint. Aber zu dieser Zeit war diese Fragerei völlig fehl am Platze und vor allem sehr nervenaufreibend.

Als ich dann wieder anfing zu arbeiten, traute man der ganzen Sache nicht mehr. Es stellten sich natürlich Fragen wie: Geht der jetzt doch nicht in Kur? Will er so weitermachen wie bisher?

Auch ich litt sehr unter dieser Situation. Mir kam es vor, als sitze ich zwischen zwei Stühlen. Auch meinen Arbeitskollegen musste ich diese Situation erklären. Was mir wiederum sehr peinlich war.

Nun, das Ergebnis können Sie sich denken. Nach diesen zwei Monaten war ich nicht mehr ganz „trocken“. Deshalb habe ich mich meinem Hausarzt anvertraut. Ein paar Tage, bevor ich meine Kur antrat, schrieb er mich krank. Und zu Hause unter ärztlicher Beobachtung habe ich nochmals eine Entgiftung hinter mich gebracht. Für mich war es viel unangenehmer wie im Krankenhaus. Aber der Beginn der Therapie in der Fachklinik war nur unter dieser Voraussetzung möglich. Es blieb also kein anderer Weg.

Der Idealfall wäre eine ganzheitliche Betreuung im Krankenhaus. Dort müsste auch eine Person tätig sein, die einem bei dem ganzen Papierkrieg behilflich ist. Außerdem habe ich lange Zeit nicht gewusst, dass meine Zähne in Ordnung sein müssen, bevor ich eine Therapie beginnen kann. Diese Tatsache hat mir einfach niemand gesagt.
Da ich in den Jahren der Trinkerei nicht mehr so viel Wert auf meine Gesundheit gelegt hatte, waren natürlich etliche Termine beim Zahnarzt fällig. Die Fachklinik, in der ich meine Therapie beginnen wollte, legte auf ein ärztliches Attest großen Wert. In diesem Attest musste festgehalten sein, dass nach ärztlicher Voraussicht keine weiteren Behandlungen in den nächsten sechs Monaten mehr nötig sein werden.
Diese Umstände haben mich schon ein wenig geärgert. Auch in der Selbsthilfegruppe, in der ich zu diesem

Zeitpunkt war, hat niemand darüber ein Wort verloren. Auch auf mein Nachfragen, wie das in der Kur so ist, wurde mir nur ausweichend geantwortet. Vielleicht auch aus Vorsicht, dass ich doch noch einen Rückzieher machen könnte.

Ich möchte an dieser Stelle auch keinem der Beteiligten zu nahe treten, aber ein bisschen mehr Informationen hätte ich mir doch schon gewünscht.

Also zusammenfassend: Die Entgiftung sollte so gelegt werden, dass man ohne Unterbrechung direkt in eine Fachklinik eingewiesen werden kann. Sämtlicher Papierkram kann vorher schon erledigt werden. Auch die Bedingungen der Aufnahme in die Fachklinik muss man vorher kennen.

Werbung für Alkohol

In der Zeitung las ich einen Artikel über Werbung für Alkohol. Unsere Regierung plant, in Zukunft die Alkoholwerbung einzuschränken. Ob dies den Alkoholkranken helfen wird, vermag ich nicht zu beurteilen. Die Menschen, die durch Alkohol schon krank sind, lassen sich von der Werbung mit Sicherheit nicht mehr beeinflussen. Das Ganze kann nur eine vorbeugende Wirkung haben.

Den Alkohol ganz zu verbieten ist keine geeignete Lösung und europaweit sicherlich nicht durchsetzbar. Die Vereinigten Staaten versuchten vor vielen Jahren, dem Alkoholkonsum durch ein Verbot beizukommen. Der Erfolg war gleich Null. Im Gegenteil, sie sind kläglich gescheitert. Zu dieser Zeit steigerte sich der Alkoholkonsum sogar noch und das Geschäft damit.
Auch in Norwegen, wo seit 1972 Alkoholwerbung verboten ist, steigt der Konsum ständig an. Es liegt wohl an den Menschen oder an unserer Gesellschaft, dass Verbote einen immer größeren Anreiz ausüben. Bei Kindern kann man das gleiche Phänomen beobachten. Offensichtlich ist es bei den so genannten Erwachsenen genauso ausgeprägt. Allerdings finde ich es nicht gut, wenn prominente Menschen Werbung für Alkohol betreiben.
Ausgerechnet solche Menschen sollten doch Vorbild und Ansporn für uns und unsere Kinder sein. Sei es Berti Vogts, unser ehemaliger Nationaltrainer, der mit Bier wirbt oder der Schauspieler Götz George, der sich für Sektwerbung hergibt. Oder der Showmaster Jürgen von der Lippe, der Werbung für Apfelkorn macht. Dies sind nur einige Beispiele. Die Liste ließe sich problemlos

weiter fortsetzen. Die Promis sind gut von Werbefachleuten vorbereitet und haben immer einen animierenden Spruch auf den Lippen.
Mich persönlich ekelt das an. Zumal es genügend prominente Menschen gibt, die offensichtlich mit Alkohol oder Drogen zu kämpfen haben. Ein gutes Beispiel ist der allgemein bekannte Schauspieler Harald Juhnke. Aber es gibt noch genügend andere Beispiele aus der Politik oder der Musikbranche. Hier tummeln sich viele Menschen in der Öffentlichkeit, die ich als Alkoholiker bezeichnen würde.

Das Schlimme an der ganzen Geschichte ist, dass diese Personen, die Werbung für Alkohol betreiben, dies alle nicht nötig hätten. Sie haben doch andere Fähigkeiten um gutes Geld zu verdienen. Und, seien wir doch ehrlich, sie nagen allesamt nicht am Hungertuch. Für Personen, die in der Öffentlichkeit stehen, müsste es eine moralische Verpflichtung sein, keine Werbung für Alkohol zu machen. Und zwar egal in welcher Form auch immer.

Natürlich würde sich die Werbewirtschaft mit einem Aufschrei dagegen wehren. Geht es hier doch um ziemlich viel Geld. Das Werbevolumen, von dem ich hier rede, beträgt 1,2 Milliarden DM. Diese Zahl muss man sich auf der Zunge zergehen lassen. Natürlich hängen von diesem Wirtschaftszweig auch viele Arbeitsplätze ab. Aber mit diesem Argument lässt sich nicht alles entschuldigen. Wenn also so viel Geld für die Werbung ausgegeben wird, muss das natürlich produktivitätssteigernd sein. Sonst käme ja niemand auf die Idee, nur eine müde Mark für Werbung auszugeben. Und der Markt, sprich die Kunden, reagieren natürlich auf die Werbung, indem sie wieder mehr Alkohol kaufen.

Für die Folgen allerdings fühlt sich dann niemand mehr verantwortlich. Dies sollen dann die Krankenkassen, Rentenversicherungskassen oder der Staat übernehmen.

Die letzten Tage in der Fachklinik

Nachdem das Problem mit dem Arbeitsplatz ausgestanden war, konnte ich mich weiter vorbereiten. Bei vielen meiner Mitpatienten lief es nicht so optimal wie bei mir.
Oft sind sie schon vor der Kur arbeitslos und ohne Zukunftsaussichten gewesen. Hier einen neuen Anfang zu finden, fiel besonders schwer. Unsere heutige, schnelllebige Gesellschaft bringt kaum noch Verständnis für solche gestrauchelte Menschen auf. Und eine neue Chance muss regelrecht erkämpft werden. Ich jedenfalls bin der Auffassung, dass jeder Mensch eine Chance bekommen sollte, seinen Lebensunterhalt selbst zu verdienen.
Zu diesem Punkt ist noch einiges an Aufklärungsarbeit zu leisten. Viele Menschen könnten es schaffen, trocken zu bleiben. Wenn sie Arbeitgeber finden könnten, die sie ein Stück weit begleiten und moralisch unterstützen. Dieses Vertrauen gegenüber dem Alkoholkranken kann weiteres Selbstbewusstsein fördern und gleichzeitig eine Hemmschwelle gegen den Rückfall aufbauen.

Die letzten Tage in der Klinik verbrachte ich in ständiger Unruhe. Einerseits voll Selbstvertrauen, andererseits jedoch mit Zweifeln, ob ich es schaffen würde trocken zu bleiben. In diesen Tagen nahm ich mir fest vor, bildlich gesprochen, nicht den ganzen Berg auf einmal besteigen zu wollen. Sondern Schritt für Schritt und Tag für Tag vorwärts zu gehen. Denn lebens lang keinen Alkohol mehr zu trinken, das ist schon ein gewaltiger Berg, der vor einem steht.
In einem anderen Buch hat dies jemand so beschrieben: Man stelle sich eine Scheune vor, die voll von altem

Gerümpel ist. Dies alles stellt einen riesigen Berg dar und am liebsten würde man gleich wieder aufhören, die Scheune auszuräumen. Fängt man aber Stück für Stück an auszuräumen, hat man am Ende die Scheune auch geleert.

Noch ein weiteres Beispiel. Bei den AA (Anonyme Alkoholiker) sagt man jedem neuen Mitglied: Nimm dir nicht vor, dein ganzes Leben nicht mehr zu trinken. Dies ist ein so gewaltiges Unterfangen, dass kaum jemand vermag es zu realisieren. Sage dir vielmehr immer nur, dass du vierundzwanzig Stunden lang keinen Alkohol trinken willst.

Die Botschaft ist eindeutig. Zerlegen Sie alles, was vor Ihnen liegt, in Tagesportionen, meinetwegen auch in Halbtagesportionen. So verlieren Sie die Angst vor dem Anfangen. Dies trifft übrigens nicht nur auf das Trinken zu.

Seit mit meinem Arbeitsplatz alles in Ordnung ging, war für meinen Therapeuten und mich klar, dass ich entlassen werden konnte. Auch war ich psychologisch wieder so weit aufgebaut, dass ich alles erreichen konnte, wenn ich nur wollte. Meine Familie war mein Sicherheitsanker nach der Entlassung. Außerdem hatte ich vor meiner Kur ein paar Mal eine Selbsthilfegruppe besucht, die sich blaues Kreuz nannte. Sie waren etwas christlich und mir kam dies sehr entgegen. Natürlich schmeckt das Christliche nicht jedem, dies ist auch nicht entscheidend. Entscheidend ist, dass man einen Sicherheitsanker hat, falls man einen braucht. Sei er nun christlich oder nicht.

Nach den vielen Jahren, die ich jetzt trocken bin, stelle ich zufrieden fest, dass ich diesen Anker nicht benötigt habe. Zumindest nicht die Selbsthilfegruppe. Ein weiterer Punkt ist das soziale Umfeld, dieser Faktor nimmt bei der Beurteilung durch die Therapeuten eine wichtige Stelle ein. Auch dies stellte für mich kein Problem dar. Ganz anders sah das bei einigen meiner Gruppenkameraden aus. Sie waren teilweise geschieden. Lebten alleine und ohne Arbeit. Oder sie lebten bei der Großmutter. Für alle die unter solchen Umständen entlassen wurden, waren das keine guten Voraussetzungen, um dauerhaft trocken zu bleiben.

Mein Zimmerkollege „durfte“ noch einige Zeit länger in der Klinik bleiben, doch bei ihm gab es eigentlich nichts mehr zu therapieren. Er kam mit ziemlicher Sicherheit wieder in den „Genuss“ eines Rückfalls. Bei ihm hatte ich oft den Eindruck, als wolle er die dauerhafte Abstinenz auch nicht erreichen. Ihm ist mit Sicherheit gar nicht bewusst gewesen, warum er überhaupt hier war und er wollte dies auch nicht wissen.

Er verbrachte die Zeit in der Klinik nach dem Motto:
Alles hat ein Ende.

Erst wenn alle Faktoren zusammenpassten, wurde eine Entlassung befürwortet und der Entlassungstag bestimmt. Bei mir war es nach ca. 20 Wochen Aufenthalt so weit.
Ich freute mich darauf, es endlich allen zeigen zu können, dass ich auch ohne Alkohol es zu etwas bringen kann. Und dass ich in der Lage bin, ein zufriedenes Leben ohne Alkohol führen zu können. Diesem festen Grundsatz folge ich noch heute.

So kam der Tag, an dem mich meine Frau zum letzten Mal hier besuchte bzw. abholte. Meine Sachen waren schnell im Auto verstaut. Ich verabschiedete mich bei meinen Mitpatienten, behandelnden Ärzten und meinem Therapeuten. Dann hielt mich nichts mehr und wir fuhren Richtung Heimat. Im festen Glauben und zuversichtlich, jetzt einen neuen Lebensabschnitt zu beginnen.

Auf der ganzen Heimfahrt redeten wir nicht viel miteinander. Es war eine traurig-freudige Stimmung. Jeder hing so seinen Gedanken nach. Unterwegs hielten wir an, um in einer Gastwirtschaft etwas zu essen. Nach einem kurzen gemeinsamen Spaziergang brachten wir den Rest des Weges hinter uns.
Wieder zu Hause zu sein war schon ein gutes Gefühl.

Sport treiben

Sich sportlich zu betätigen ist enorm wichtig. Durch die Trinkerei hat man in aller Regel seine körperliche Vitalität verloren. Früher war ich ein guter Sportler. In unserem Verein habe ich das Geräteturnen betrieben und dadurch war ich körperlich topfit.
Einige Jahre später konzentrierte ich mich auf die Tätigkeit eines Trainers und für mich selbst tat ich immer weniger. Wieder einige Jahre später, als bei mir alles drunter und drüber ging, bin ich so gut wie keiner sportlichen Betätigung mehr nachgegangen. Höchstens mal zur Abwechslung eine kleine Wanderung zur nächsten Kneipe. Kurz gesagt: Ich hatte einfach keine Lust mehr auf Sport.

Viel lieber war mir mein Feierabendbier oder die Stammtischrunde mit den Stammtischfreunden.

Während meines Klinikaufenthaltes begann ich wieder mit Ausdauertraining. Und zu meiner Verwunderung stellte ich fest, dass ich an körperlicher Fitness wieder Spaß haben konnte.
Auch die Ballspiele kamen hierbei nicht zu kurz. Nachdem ich feststellte, wieviel Freude mir das alles noch bereitete, beschloss ich, dies nicht mehr zu vernachlässigen. Deshalb wurde zunächst ein regelmäßiger Schwimmabend in der Woche eingeführt. Und zwar für uns beide, meine Frau und mich. Die erste Zeit verbrachten wir ein- bis zweimal in der Woche im Hallenbad. Zumindest über die Wintermonate. Es hat super Spaß gemacht und unserem ganzen Körper gut getan. Dann, irgendwann später, brachten mich Bekannte

auf die Idee, mir doch mal ein Sport- bzw. Fitness-Studio anzusehen. Was wir beide auch taten. Wir nutzen einen Tag der offenen Tür um uns zu informieren.

Ein großer Vorteil dieser Studios ist, dass man durch geschulte Sportlehrer ein Aufbau-Training absolvieren kann. Dieses Aufbau-Programm wird ganz individuell auf jeden Einzelnen zugeschnitten. Der zweite Vorteil: In diesen Fitness-Studios wird so gut wie kein Alkohol getrunken. Also werden auch keine lästigen Fragen gestellt.
Der Verein ist das genaue Gegenteil. Hier wird nach der Übungsstunde noch gemütlich zusammengesessen und natürlich auch Bier und Wein getrunken.
Der dritte Vorteil für mich bestand darin, dass ich das Studio aufsuchen konnte, wann immer es mir am besten passte. Morgens, abends oder nachmittags.

Nachfolgend eine Zusammenfassung der Vorteile:

1. Man ist an keine festen Trainingstage gebunden.

2. Es gibt Möglichkeiten zu Saunieren oder im Solarium zu einer gesunden Bräune zu kommen.

3. Innerhalb der meist großzügigen Öffnungszeiten ist man an keine bestimmten Uhrzeiten gebunden, wenn man Ausdauer- oder Muskeltraining betreiben will.

4. Es können vielfältige Sportarten betrieben werden, z.B. Ausdauertraining, Gymnastik, spezielle Rückengymnastik oder Radfahren, alles ist möglich.

Dies sind einige Vorteile gegenüber dem Vereinsleben. Diese Vorteile haben mich nach reiflicher Überlegung veranlasst, dies auszuprobieren. Und es war genau der richtige Schritt für mich. Mittlerweile besuche ich dieses Sport- und Fitness-Studio schon einige Jahre. Auch meine Frau ist begeistert davon.
Wir beide stellten zwischenzeitlich fest, dass es zu unserem körperlichen Wohlbefinden außerordentlich beiträgt. Oft muss man den inneren Schweinehund dazu überwinden, danach kommt aber dann das Aha-Gefühl. Und nach jedem Mal stellt man fest, die richtige Entscheidung getroffen zu haben.

Wie alles hat es natürlich auch einen Nachteil. Es kostet Geld. Aber nach reiflicher Überlegung, zusammen mit meiner Frau, sind uns die vielen Vorteile dieses Geld wert. Früher, als ich noch nicht trocken war, hätte ich ohne zu überlegen mehr Geld für Alkohol ausgegeben. Und ich denke, dieses Geld ist viel besser in meiner Gesundheit angelegt.

Mittlerweile treffen wir dort alte und auch neue Bekannte. Ein weiterer Vorteil. Jedem soll es aber selbst überlassen bleiben, welcher sportlichen Betätigung er nachgehen mag. Es gibt mit Sicherheit noch viele andere Möglichkeiten.

<u>Auf keinen Fall das Nichtstun.</u>

Zum Ende dieses Kapitels noch einmal ein Resümee. Es ist ungeheuer wichtig, körperlich fit zu sein. Man muss es nicht unbedingt bis zum Hochleistungssportler bringen, aber doch zu einem regelmäßigen Freizeitsportler. Der durch ausdauerndes, abwechslungsreiches Training für sein Wohlbefinden sorgt.

Durch den Sport habe ich z.B. meinen Bluthochdruck wieder in den Griff bekommen und mein Hausarzt bescheinigt mir eine gute körperliche Konstitution. Die Folge davon ist, dass ich in der Lage bin, in meiner Firma gute Leistungen zu vollbringen. Und dies wiederum hat zur Folge, dass mein Selbstvertrauen gestärkt ist.

Die Tabletten die ich gegen den Bluthochdruck eingenommen hatte, gehören schon lange der Vergangenheit an. Durch meine gute Arbeit in der Firma bin ich wieder zu mehr Gehalt gekommen. Und so schließt sich wieder der Kreis.

Nur wer körperlich gut in Form ist, kann auch gute Leistungen im Beruf oder in der Firma vollbringen.

In einem gesunden Körper wohnt ein gesunder Geist.

Dieses Zitat stammt übrigens nicht von mir. (Sondern von Juvenal: ...mens sana in Corpore sano.)

Mein bester Freund

Ein halbes Jahr, nachdem ich aus der Kur zurück war, verübte mein bester Freund Selbstmord. Ich konnte dies damals einfach nicht fassen.
Wie verzweifelt muss ein Mensch sein, um sich selbst das Leben zu nehmen?
Welche Gründe bewegen einen Menschen zu solch einer Tat?
Diese Fragen haben mich lange Zeit nicht losgelassen.

Wir verbrachten unsere Schul- und Jugendzeit gemeinsam. Viele Erlebnisse haben uns stark verbunden. Und die Gründe für seinen Entschluss, seinem Leben ein Ende zu bereiten, liegen bis heute im Dunkeln.
Ich hatte zu ihm, auch nach unserer Hochzeit, immer noch einen guten Kontakt. Nicht mehr so intensiv wie früher, als wir allabendlich unterwegs waren. Wir wohnten ja im gleichen Ort und so lief man sich zwangsläufig immer wieder über den Weg.

Nach unserer gemeinsamen Schulzeit trennten sich unsere Wege. Ich erlernte den Beruf des Schriftsetzers und er den Beruf des Weingärtners. Er wollte später den elterlichen Betrieb übernehmen. Auch in unserer Weingärtnergenossenschaft war er als Vorstandsmitglied sehr aktiv tätig.
Das Amt des Feuerwehrkommandanten hier im Ort hatte er auch inne. Selbstverständlich war er auch im Verein als Ausschussmitglied tätig. Da er sehr gutmütig war und schlecht „Nein“ sagen konnte, drängte man ihm diese Ämter geradezu auf. Er war ja im elterlichen Betrieb tätig und hatte deshalb angeblich sowieso viel Zeit. Oft be-

klagte er sich bei mir, dass ihm das alles zu viel sei. Aber immer wieder ließ er sich überreden, doch weiterzumachen.

So standen wir tief erschüttert an seinem Grab. Sein Leben war mit 36 Jahren zu Ende. Unsere gemeinsamen Schulkameraden und -kameradinnen baten mich, eine Grabrede auszuarbeiten. Ich setzte mich an meinen Schreibtisch und überlegte. Ich ließ sein ganzes Leben an mir vorübergleiten. Viele gemeinsame Erlebnisse haben uns seit frühester Jugend verbunden. Gute und weniger Gute. Meine Gefühle fuhren Achterbahn mit mir. Es war für mich unmöglich, auch nur einen vernünftigen Satz auf das Papier zu bekommen. Geschweige denn, eine Grabrede zu halten, die ihm gerecht wurde. Ihm die letzte Ehre zu verweigern, dies konnten Einige nicht verstehen. Aber ich habe es einfach nicht fertiggebracht.

Ab und zu besuche ich meinen Freund auf dem Friedhof und immer wieder packt mich das Gefühl, dass ich damals vielleicht hätte mehr tun können oder sogar müssen.
Solche Gedanken sind aber Makulatur, denn sie bringen ihn nicht mehr zurück.

Mit diesen Selbstvorwürfen werde ich wohl weiterleben müssen. Und ich hoffe sehr, durch diese Geschichte vielleicht den einen oder anderen von solchen Gedanken abzubringen. Solch eine Tat ist einfach keine Lösung.
Es gibt genügend andere Möglichkeiten, um seine Probleme wieder in den Griff zu bekommen. Man darf nur nicht aufhören, danach zu suchen.
Sein Leben selbst in die Hand zu nehmen, darauf kommt es an.

Nun, wie ging es nach dem Aufenthalt in der Fachklinik weiter? Nachfolgend schildere ich Ihnen einige Erlebnisse in loser Folge.
Die eine oder andere Situation haben Sie vielleicht schon in ähnlicher Form selbst erlebt.

Die Tanzstunde

Kurze Zeit, nach dem ich meine Kur beendet hatte, überlegten wir uns, was wir gemeinsam in unserer Freizeit unternehmen könnten. Früher gingen wir sehr gerne zum Tanzen, was lag da näher als unsere Tanzkünste aufzufrischen. Also belegten wir zusammen mit Freunden einen Tanzkurs.
Damit verfolgten wir zwei Ziele. Zum einen wollten wir gemeinsam wieder unter Menschen kommen und zum anderen eventuell einen neuen Freundeskreis aufbauen.

So kam es, dass wir einmal in der Woche eine Tanzstunde besuchten. Es gefiel uns ausnehmend gut und wir hatten sehr viel Spaß dabei. Dass ich keinen Alkohol an diesen Abenden trank, fiel niemandem weiter auf. Und sollte es trotzdem der Fall gewesen sein, wir bemerkten es nicht. Zwischen jeder Tanzrunde wurde eine kleine Pause eingelegt. Dann setzten wir uns an die kleinen Bistro-Tischchen und erzählten uns Witze. Wir hatten viel Spaß dabei und fühlten uns sehr wohl.

Eines Tages, war es wieder einmal soweit. Wir richteten uns für die Tanzstunde und fuhren los. Nach der ersten Runde, wir waren alle auf der Tanzfläche versammelt,

forderte uns der Tanzlehrer auf, einen großen Kreis zu bilden.
Dann erklärte er uns: Einer unserer Mittänzer hätte heute einen runden Geburtstag und dass er eine Runde Sekt ausgeben will. Mir wurde sofort heiß und kalt. Wie sollte ich mich verhalten? Schon wurde begonnen, Sektgläser auszuteilen und ich stand wie festgefroren und rührte mich nicht. Solch eine Situation hatten wir in der Kur oft durchgesprochen. Wie verhalte ich mich jetzt? Die Empfehlung der Therapeuten hieß: Die Situation zu verlassen. So einfach war das aber für mich nicht. Die Situation empfand ich als unwahrscheinlich peinlich.

Mein rettender Engel war wiederum meine Frau. Sie trat vor und fragte, ob sie nicht ein Glas Orangensaft haben konnte. Sie machte es sozusagen leicht für mich, den gleichen Wunsch auszusprechen. Und zu meiner großen Verwunderung hat sich niemand daran gestört. Weder wurden spitzige Bemerkungen fallen gelassen noch sonst irgendetwas.

Wie gesagt, ich bin meiner Frau unendlich dankbar, dass ich damals unbeschadet aus dieser Situation herausgekommen bin. Aber gleichzeitig zeigt dies deutlich, wie schnell man in solche Situationen hineingerät. Wie hätte ich mich verhalten, wenn meine Frau nicht dabei gewesen wäre?
Ich weiß es ehrlich gesagt nicht. Mit Sicherheit wäre es mir sehr schwer gefallen, den Sekt abzulehnen. Heute, nach den vielen Jahren der Abstinenz, hätte ich damit keine Probleme mehr. Aber damals, so kurz nach meiner Kur, hatte ich doch gewaltige Schwierigkeiten mit der Situation. Nicht, weil ich Lust auf Alkohol gehabt hätte, nein, eher weil es mir peinlich war.

Deshalb rate ich jedem, nach einer Kur zunächst einmal eine Selbsthilfegruppe anzusteuern. Und dann die ersten eigenen Schritte zu wagen. Um ganz einfach mehr Sicherheit in sein Auftreten zu bringen. Dies ist sehr wichtig, um sich nicht dauernd erklären zu müssen.
Warum wollen Sie keinen Sekt? Ein Glas macht doch nichts aus. Sie können ja morgen wieder nichts mehr trinken. Sie wollen doch auf mein Wohl anstoßen, oder nicht? Und viele weitere Fragen mehr. Sie kennen dies mit Sicherheit auch. Vielleicht aus einer anderen Situation.

Heute würde ich darauf so reagieren: Nein danke, ich trinke keinen Alkohol. Und auf eine Erklärung warum und wieso, würde ich ganz verzichten. Man muss nicht immer alles zu erklären versuchen. Ich kann den Grund einmal bewusst im Dunkeln lassen. Und ich habe festgestellt, in solch einem Falle kommen dann keine weiteren Fragen mehr hinterher.

Vereinsfeiern

Ein weiteres Ereignis ist der Besuch von Vereinsfeiern. In unserer Gegend gehören Vereinsfeste wie Weihnachts- oder Winterfeiern zum festen Jahresablauf. Nun. wie verhalte ich mich da?

Zunächst muss einem ganz klar sein, wenn man solche Veranstaltungen besucht, dass man ständig beobachtet wird. Es bleibt auch nicht aus, dass einem viele bekannte Menschen über den Weg laufen. Sie lassen einen mit

Sicherheit aus lauter Neugierde nicht aus den Augen. Egal was man tut.
Die Leute stellen sich Fragen: Wie verhält er sich? Trinkt er doch etwas und was trinkt er? Und es wird viel hinter dem Rücken geredet. Aber das muss man aushalten, wenn man nicht isoliert bleiben will. Und je öfter man solche Veranstaltungen besucht, desto weniger wird man beobachtet. Dies habe ich ganz besonders bei Familienfeiern festgestellt. Ich wollte solche Veranstaltungen bewusst nicht vermeiden. Meinen Kindern zuliebe. Sie besuchten den Verein, um Sport zu treiben. Warum sollte ich also den Umgang vermeiden.
Meine zwei Jungs hätten das bestimmt nicht verstanden. Sie führten bei solchen Abenden ja auch etwas auf der Bühne vor und wollten dann natürlich auch für ihre Leistungen gelobt werden.

Aus diesen Gründen ist es wichtig, den Umgang mit den anderen zu pflegen. Mir selbst war durchaus klar, dass man mich an solchen Abenden nicht aus den Augen lassen würde. Und es war schon ein komisches Gefühl unter den Bekannten zu sitzen und keinen Alkohol zu trinken. Sie kannten mich ja alle aus früherer Zeit. Wo eben nur derjenige anerkannt war, der wie alle anderen Wein getrunken hat. Oder habe ich mir das damals nur eingebildet?
Kurz und gut, wir haben solche Veranstaltungen, egal zu welchem Anlass, immer besucht. Natürlich immer aus der Sicht, den Kontakt nicht ganz abreißen zu lassen. Und wir wollten uns nicht isolieren. Aber gewisse Vorsichtsmaßnahmen haben wir schon getroffen. Wir haben uns soweit abgestimmt, dass ich z.B. ohne zu diskutieren gehen wollte, wenn ich dies zu meiner Frau sagte. Sie wusste dann ganz genau, dass ich mich ab diesem

Zeitpunkt nicht mehr wohl fühlte. Wir verließen dann zusammen diese Veranstaltung. Dieses Verständnis rechne ich meiner Frau heute noch hoch an. Sie verhielt sich immer so. Auch wenn die Stimmung noch so gut war. Großartige Diskussionen vor den anderen Leuten wollte ich unter allen Umständen vermeiden. Dies wäre nur Wasser auf die Mühlen derer gewesen, die behaupteten, dass ich es doch nicht schaffen würde, trocken zu bleiben. Aber bis heute habe ich es allen gezeigt, dass ich nach wie vor immer noch trocken bin. Und darauf bin ich mit Recht stolz.

Das Ganze ist nur möglich, wenn man sich rechtzeitig mit dem Lebenspartner für solche Situationen abstimmt. Sonst sind die Schwierigkeiten schon vorprogrammiert. Der eine Partner will gut gelaunt noch bleiben und der andere will die Veranstaltung genervt verlassen, um einer eventuellen Versuchung aus dem Weg zu gehen.

Bei einer dieser Veranstaltungen bin ich für langjährige Mitgliedschaft geehrt worden.
Hier stellte sich für mich die Frage: Sollte ich mir eine Flasche Wein überreichen lassen? Dies ist in unserem Verein so üblich. Oder wie soll ich mich verhalten? Dieses Problem löste sich von ganz alleine. Einige Tage vorher hat mich unser Vorstand angerufen und mich zu diesem Thema befragt. Ich habe ihm darauf geantwortet, dass es ja auch Traubensaft gibt und sie sollten mir doch dies anstatt des Weines überreichen. So wurde es dann auch gemacht und es hat prima geklappt. An dieser Stelle will ich natürlich auch unseren Vorstand loben, der großes Einfühlungsvermögen gezeigt hat.

Diese Erlebnisse bestärkten mich immer mehr, mich nicht vor solchen Veranstaltungen zu drücken. Sondern aktiv dabeizusein. Und je länger wir dies praktizierten, desto leichter ist es mir gefallen. Heute mache ich mir keine Gedanken mehr darüber. Wenn eine Vereinsfeier oder Wanderung ansteht, sind wir selbstverständlich dabei. Vielleicht nicht unbedingt bis zum Ende der Veranstaltung, aber dies muss auch nicht sein.

Feiern mit Arbeitskollegen

Arbeitet man wie ich in einem Industriebetrieb, bleiben Geburtstagsfeiern und sonstige Feiern nicht aus. Meist wird dabei Alkohol angeboten und getrunken. Wie verhalte ich mich dann?

Da meine Arbeitskollegen wissen, dass ich schon einmal wegen Alkohol in einer Fachklinik war, wird üblicherweise auf mich Rücksicht genommen. Zumindest den Älteren ist bekannt, dass ich keinen Alkohol trinke. Deshalb werde ich auch von neugierigen Fragen verschont. Oft wird mir eine Brücke gebaut, indem mir alkoholfreie Getränke angeboten werden. Wenn andere Sekt/Orange trinken, bleibt es bei mir Orangensaft. Ich komme sehr gut damit zurecht. Am Anfang versuchte ich mich vor solchen Feiern zu drücken. Dies hatte zur Folge, dass nach mir gefragt wurde. Ich musste mich dann wieder erklären. Deshalb gehe ich heute in die Offensive, nach dem Motto: Angriff ist die beste Verteidigung.

Ich versuche immer bei den Ersten zu sein und zwar beim Gratulieren und später auch beim Feiern. Das gibt mir die

Möglichkeit, gleich zu Anfang nach alkoholfreien Getränke zu fragen und mich zu bedienen. So fällt es am wenigsten auf, wenn man ein Glas Orangensaft oder Apfelsaft in der Hand hält. Üblicherweise werden solche Geburtstagsfeiern oder ein kurzes Zusammenstehen schon um die Vesperzeit veranstaltet. Da dies meist gegen 9.00 Uhr in der Frühe stattfindet, wird so gut wie gar kein Alkohol getrunken. Ich selbst komme um solch eine Geburtstagsfeier meist herum, denn üblicherweise fällt mein Geburtstag in meinen Jahresurlaub. Dadurch entstehen für mich keinerlei Probleme. Einmal, das blieb mir gut in der Erinnerung haften, hat meine Frau einen Kuchen gebacken und ich habe Kaffee mit in die Firma genommen. Dies wurde aber so wenig von meinen Kollegen angenommen, dass ich beschloss, ganz darauf zu verzichten.

Betriebsfeier

Jedes Jahr wird in unserem Betrieb eine Betriebsfeier ausgerichtet. Sie beginnt meist mit einer gemeinsamen Wanderung, unterbrochen mit einem Vesper und endet dann mit einem gemeinsamen Abendessen in einer gemieteten Sporthalle.
Nach meiner Kur fand eine solche Betriebswanderung statt. Um jeglichem Gerede aus dem Weg zu gehen, beschloss ich daran teilzunehmen. Ich bin mit sehr gemischten Gefühlen hingegangen. Oft fühlte ich mich beobachtet. Vielleicht bildete ich mir das auch nur ein. Aus diesem Grund hielt ich es bei dieser ersten Betriebsfeier nur bis kurz nach dem Abendessen dort aus. Ich habe damals meine restlichen Coupons an meine Arbeitskollegen verschenkt. Sie freuten sich über die

zusätzlichen freien Getränke und ich machte mich mit einer plausiblen Erklärung aus dem Staub. Als ich den Abgang ohne Probleme über die Bühne gebracht hatte, fühlte ich mich sehr erleichtert. Ich war überzeugt, meine Arbeitskollegen vermissten mich nicht lange, denn sie hatten genug zu tun, die geschenkten Coupons einzulösen.

Und eines muss ich heute ganz klar feststellen: Hatt man an so einem Tag zu viel getrunken und benahm sich daneben, wurde man sehr schnell zum Gespött der Arbeitskollegen. Und es wird noch einige Zeit später über einen geredet.

An so einem Tag fühle ich mich meist betrogen, denn ich werde gezwungen, die Weincoupons in alkoholfreie Getränke wie Sprudel oder Cola umzutauschen. Der Weincoupon besitzt ja einen höheren Wert. Selbst unserem Betriebsrat ist es noch nicht eingefallen, hier eine Änderung vorzunehmen. Es gibt ja genügend Mitarbeiter, die aus anderen gesundheitlichen Gründen keinen Alkohol trinken. Sie müssen sich genauso betrogen vorkommen. Es hat sich aber auch noch niemand getraut, etwas gegen diesen Zustand zu unternehmen. Hier möchte ich mich nicht ausschließen. Zu dieser Gruppe von Menschen, die keinen Alkohol trinken, fühle ich mich dann an diesen Tagen hingezogen.

Regelmäßig verlasse ich seither nach dem Abendessen diese Betriebsfeiern und ziehe mich zurück. Übrigens, meine Chefs tun das Gleiche. Ihnen ist es mit Sicherheit auch peinlich, von angetrunkenen Kollegen angepöbelt zu werden.

Vielleicht müsste man über den Betriebsrat anregen, zukünftig mehr alkoholfreie Getränke zur Verfügung zu stellen. Und nicht nur Sprudel oder Fanta/Cola. Mir schmeckt das auf die Dauer auch nicht. Das eine ist zu fade, das andere zu süß. Eine größere Auswahl alkoholfreier Getränke z.B. Apfelsaft oder Traubensaft hätte sicherlich auch seine Vorteile. Der eine oder andere würde vielleicht doch lieber ein Glas roten Traubensaft trinken anstatt einem Viertel Wein.

Regelmäßig nach solchen Feiern kann man sich dann die Geschichten anhören, wer sich wiedereinmal danebenbenommen hat.

Das Resümee: Auch diesmal war es wieder eine gelungene Betriebsfeier.

Tag der Arbeit

Feiertag 1. Mai

Von den Gewerkschaften wird dieser Tag genutzt, um auf vielen Veranstaltungen im Land das Recht auf Arbeit und das Recht auf menschenwürdige Arbeitplätze zu proklamieren. Diese Veranstaltungen besuchen regelmäßig tausende von Menschen, um für diese Rechte zu demonstrieren. Viele Menschen vergessen, dass dies nicht immer so war.
Unseren heutigen Standard verdanken wir zum großen Teil unseren Gewerkschaften. Hätte es sie nicht gegeben, müssten wir heute mit Sicherheit immer noch 48 Stunden in der Woche arbeiten oder noch mehr. Vermutlich auch noch zu einem geringeren Lohn.

Alljährlich wird dieser Feiertag von sehr vielen Menschen umfunktioniert. Zu einem zusätzlichen freien Arbeitstag, der mit ausgelassenen Feiern und reichlich Alkohol begossen wird.

Bei uns in der Gegend gibt es einen Brauch. In der Nacht auf den ersten Mai werden kleinere Maibäume gefällt und diese dann der Angebeteten vor das Elternhaus gestellt. Meist an einer Hausecke, mit Draht befestigt. Als sichtbares Zeichen, dass dieses Mädchen schon vergeben ist.
Bis es soweit ist, dass dieser Baum endlich an der gewünschten Stelle steht, hat man üblicherweise schon einiges intus. Erschwerend kommt noch hinzu, dass man diese Prozedur ja bei seinen Kumpels auch durchführen muss. Um zu verhindern, dass der Baum über Nacht wieder gestohlen wird, muß er bewacht werden.
Damit diese ganze Gaudi nicht so trocken bleibt, wird kräftig mit Bier und Wein nachgeholfen. In solch einem euphorischen Zustand werden dann auch Streiche ausgeheckt, über die man im nüchternen Zustand nur den Kopf schütteln würde.
Wenn dann der Morgen dämmert, wird der Handleiterwagen hergerichtet und natürlich mit einem Fass Bier beladen. Dann wird losgezogen, nicht mehr nüchtern, aber gut gelaunt.
Zu der Zeit, als ich dabei war, kamen einem keine Zweifel, ob dies alles wohl so richtig sei. Diesen Brauch pflegten doch alle aus unserem Umfeld. Gegen Abend war man dann kaputt und total besoffen. Aber es war wieder einmal ein schöner Mai-Feiertag. Der Sinn dieses Feiertages wird dabei gar nicht wahrgenommen, geschweige denn darüber nachgedacht.

Heute, nachdem ich schon viele Jahre trocken bin, kann ich nur darüber lächeln. Und ich bin überzeugt, hätten uns die Erwachsenen dies nicht so vorgelebt, wäre keiner von uns auf den Gedanken gekommen, dies nachzuahmen. Und ich weiß von einigen aus dieser Zeit, dass sie heute selbst unter der Alkoholkrankheit leiden. Mich erstaunt dabei immer wieder, wie viele der Ehefrauen versuchen, die Krankheit ihrer Partner zu vertuschen. Ich kenne die Anzeichen sehr gut und erlaube mir einfach dieses Urteil. Natürlich will ich nicht den glückseligen Apostel spielen, aber einigen würde ich schon gerne helfen, wenn sie mich nur ließen.

In unserer näheren Umgebung gibt es zu diesem Feiertag viele Weinfeste, Weintage oder ähnliches, natürlich alle mit dem Zweck, den Wein unter die Menschen zu bringen. Tausende von solchen Menschen sind an diesem Tage unterwegs, per Fahrrad oder zu Fuß, aber immer mit dem Ziel, dieses Angebot anzunehmen. Am nächsten Tag kann man in der Zeitung nachlesen, dass einigen Menschen wieder der Führerschein entzogen wurde. Teilweise mit Promillewerten, die man mit zwei Gläsern Wein nicht erzielen kann.
Da drängt sich mir die Frage auf: War es das wert?

Wie viel Unglück solch ein Tag in viele Familien bringt, darüber habe ich noch keine Statistik gelesen. Und bei wie vielen Ehepaaren so ein Tag mit Ehekrach endet, hat auch noch niemand ermittelt. Dies wird in der Öffentlichkeit sauber verschwiegen und unter den Teppich gekehrt.
Ich kenne Menschen, die noch vor gar nicht so vielen Jahren meiner Frau gute Ratschläge erteilten, wie sie sich mir gegenüber verhalten solle. Heute haben sie ähnliche Probleme wie wir damals.

Ich bin überzeugt, dass wir an solchen Tagen oft beneidet werden. An den Reaktionen der anderen kann man dies gut erkennen.
Wenn ich am nächsten Tag erholt zur Arbeit erscheine, kann ich bei einigen Kollegen die Auswirkungen des vorangegangenen Tages erkennen. Und ich habe mir geschworen, in so einem Zustand wollte ich nie mehr sein.

An solchen Tagen bin ich richtig stolz auf mich. Dass ich es geschafft habe. Dass ich mich gut fühle. Und dass ich mir um meinen Führerschein keine Gedanken machen muss. Was kann mir also noch Besseres passieren? Das Geld, das ich früher für Alkohol ausgegeben habe, wurde dieses Jahr in einen Theaterabend gesteckt. Davor waren wir noch mit unseren Kindern in einer guten Wirtschaft zum Mittagessen. Haben wir davon nicht mehr? Oder sind Sie anderer Auffassung?

Konfirmation

Alljährlich findet um die gleiche Zeit bei den evangelisch Gläubigen die Konfirmation statt. Für die Konfirmanden ein weiterer Schritt zum Erwachsenwerden. Und gleichzeitig die Möglichkeit, zu etwas Geld zu kommen. Dies ist heute wahrscheinlich genauso wichtig wie die Konfirmation mit ihrem kirchlichen Hintergrund selbst.
Auch in unserer Verwandtschaft war es dieses Jahr wieder so weit. An einem Sonntag im Mai machten wir uns früh auf, um der Konfirmation beizuwohnen. Sonntags um 9.00 Uhr begann die Prozession mit dem traditionellen

Kirchenbesuch. Die Kirchen sind an so einem Tag voll wie selten. Wir setzten uns in die vorgesehenen Kirchenbänke, die für die Verwandten der einzelnen Konfirmanden freigehalten wurden. Eine gute Gelegenheit, um mit sich selbst einmal ins Gericht zu gehen. Was habe ich in letzter Zeit falsch gemacht? Was kann ich in Zukunft besser machen? Solche und andere Gedanken gehen mir dabei meist durch den Kopf. Wie war das bei meiner eigenen Konfirmation? Ich kann mich nur noch daran erinnern, dass ich unheimlich aufgeregt war. In unserem Ort waren wir nicht viele Konfirmanden damals. Deshalb mussten wir auch sehr viel auswendig lernen und unser Pfarrer achtete streng darauf, dass dies auch geschah. Zu dieser Zeit genoss der Pfarrer noch sehr viel Ansehen. Dies ist heute ja nicht mehr ganz so.
Als ich so in Gedanken dasaß, umwehte mich ein unangenehmer, aber bekannter Geruch. Ich drehte mich vorsichtig um und erkannte in dem Gesicht einige Bänke hinter mir, da war noch einer mit dem gleichen Problem. So früh am Morgen schon Alkohol konsumieren zu müssen ist schon schlimm. Und so wie ich es bemerkte, haben dies auch andere bemerkt. Wieder einmal wurde mir ganz bewusst, wie penetrant man nach Alkohol riechen kann. Oder habe ich dafür eine besondere Nase bekommen? Früher, als ich noch selbst getrunken habe, und zwar heimlich, habe ich mir eingebildet, dass man dies nicht merkt. Dies ist ein Irrtum, wie es mir heute wieder eindrucksvoll bestätigt wurde.

Menschen, die keinen Alkohol trinken, können dies schon aus einiger Entfernung riechen. Der Atem, wenn man direkt angesprochen wird und die körperlichen Ausdünstungen sind ein weiterer Hinweis auf Alkoholgenuss.

Nach der Einsegnung und der offiziellen Aufnahme in die Kirchengemeinde geht man dann traditionell zum Mittagessen. Ich habe schon befürchtet, dass es Wein und Bier in Massen gibt, aber ich musste mich eines Besseren belehren lassen. Ich war sehr positiv überrascht. Vor dem Mittagessen gab es nur ein Glas Sekt zur Begrüßung, sozusagen als Aperitif, und wer wollte, konnte auch ein Glas Orangensaft zu sich nehmen. Ansonsten gab es verschiedene Säfte und andere alkoholfreie Getränke. Dies blieb dann auch den ganzen Nachmittag so. Beim Abendessen wurde dann noch Wein gereicht. Aber soweit ich das beurteilen konnte, wurden bei der ganzen Feier kaum zwei Flaschen Wein getrunken. Ein Umdenken in der Gesellschaft hat hier zum Teil schon stattgefunden. Die Angst um den Führerschein spielt sicher eine wichtige Rolle. Einige der Anwesenden wussten mit Sicherheit von meiner Alkoholkrankheit. Für sie war es normal, dass meine Frau und ich keinen Alkohol tranken. Auch meine beiden Söhne hielten sich daran.
Wiederum andere hatten sicherlich auch Gründe, an diesem Tag keinen oder nur sehr wenig Alkohol zu trinken. Ein älterer Mann, der neben mir saß, hat mir besonders imponiert. Auf meine Frage, warum er keinen Alkohol trinken wolle, hat er geantwortet: Wenn ich noch fahren muss, trinke ich keinen Schluck! Dies hat er auch durchgehalten.

Bei meiner eigenen Konfirmation war dies alles ganz anders. Hier wurde aus Anlass der Feier schon vor dem Gottesdienst ein Glas Wein getrunken. Um sich „einzustimmen". Nachdem ich die ganze Prozedur überstanden hatte, wurden die Gäste zu uns nach Hause eingeladen. Hier gab es dann natürlich Wein und Bier,

alles was das Herz begehrte. Oder muss ich sagen, was der Körper begehrte? Und weil ich jetzt zu den Erwachsenen zählte, klärte mich mein Onkel darüber auf, dass ich jetzt offiziell auch Wein und Bier trinken darf. Daraufhin bekam ich ein Glas Wein eingeschenkt. Ich war damals ganz schön stolz, dass ich mich ab jetzt zu den Erwachsenen zählen konnte.
Auch unser Pfarrer wurde damals zu der Feier nach Hause eingeladen und verköstigt.
Gegen Abend hatten dann doch einige der Verwandten Mühe, noch zum Abendmahl zu gehen. Damals wurde selbstverständlich Wein zum Abendmahl gereicht. Heute wird dieser oft durch Traubensaft ersetzt. Dies finde ich besonders gut, da das Abendmahl ja nur symbolischen Charakter hat.
Zu dieser Zeit habe ich mir über Alkoholismus noch keine Gedanken gemacht. Wir lebten schließlich in einer Weinbaugemeinde.
Nach dem Abendessen saß man noch lustig beieinander, um dann später mehr oder weniger betrunken nach Hause zu fahren. Auf jeden Fall war es nach Meinung meiner Eltern und der Verwandten ein sehr gelungenes Fest. Doch ich bin heute der Meinung, durch solche Feste wurde ein weiteres kleines Mosaiksteinchen in meinem Leben zum Alkoholiker gelegt. Zu dieser Zeit war es in unserem Verwandtenkreis nicht vorstellbar, keinen Alkohol zu trinken. Mein Großvater war von Beruf Weingärtner und mein Vater auch. Deshalb hat es immer und überall Wein zu trinken gegeben.

An dieser Stelle möchte ich ein Lob an die Kirche aussprechen. Durch meine Krankheit war es mir jahrelang nicht vergönnt, an dem Abendmahl teilzuhaben. Erst seit nicht nur Wein gereicht wird, besuche ich diese

Zeremonie des Öfteren, aber nur wenn ich mir sicher bin, dass es keinen Alkohol gibt.
Ab und zu blieb ich bei solchen Gelegenheiten in meiner Reihe sitzen. Dies hatte natürlich zur Folge, dass ich angestarrt wurde. In den Gesichtern der anderen Besucher konnte ich die Frage lesen: Warum nimmt er nicht an dem Abendmahl teil? Ich ließ sie im Unklaren, damit hatte ich ja schon gute Erfahrungen gemacht.
Heute wird beim Gottesdienst bekannt gegeben, mit welchem Getränk das Abendmahl vollzogen wird. Und ist es ohne Alkohol, nehme ich selbstverständlich daran teil.

Diese Konfirmation hat mir sehr gut gefallen, nicht nur, weil extrem wenig Alkohol getrunken wurde.

Kurzurlaub im Südlichen Schwarzwald

Nach langer Zeit beschlossen meine Frau und ich, ein paar Tage Urlaub im Schwarzwald zu machen. Durch Bekannte konnten wir eine gute Unterkunft buchen und wir freuten uns sehr darauf.

Aber wie das nun einmal so ist, hat dies nicht so einfach geklappt. Unser erster Urlaubstag war ein Montag. Am Abend davor, also an einem Sonntag, stellte ich fest, dass unsere Heizung nicht mehr funktionierte. Früher hätte mich das sicher auf die Palme gebracht, wenn es nicht so funktionierte wie ich mir das vorgestellt hatte. Und ich hätte mit Sicherheit ein paar Biere gebraucht, um von der Palme wieder herunterzukommen. Heute nahm ich das sehr gelassen. Ich stand am nächsten Morgen sehr früh auf und informierte meinen Heizungsmonteur. Er war auch sehr schnell zur Stelle.

In der Zwischenzeit haben wir unsere Urlaubsklamotten startklar gemacht. Doch unsere Heizungsanlage wollte da nicht so einfach mitmachen. Der Heizungsmonteur fand einfach den Fehler nicht. Und es dauerte und dauerte. Zwischendurch erkundigte sich der Monteur, ob wir nicht doch fahren wollten, dann könnte er dies in Ruhe fertigmachen. Das war mir natürlich nicht so recht. Also suchte er weiter. In mir baute sich so langsam eine gewisse Spannung auf. Ausgerechnet, wenn mir einmal im Jahr ein paar Tage wegfahren wollten, passierte so etwas. Warum ausgerechnet uns? Meine Frau blieb ganz gelassen. Sie besorgte in der Zwischenzeit ein paar Brezeln und wir frühstückten ein zweites Mal.

Diese ganze Situation erinnerte mich an früher. Auch da wollten wir in den Urlaub fahren und unser Auto stand noch morgens in der Werkstatt. Die Koffer waren damals auch schon gepackt und meine Schwiegermutter stand startklar mit ihren Koffern in unserem Hausgang. In dieser Situation konnte ich mir ein Bier einfach nicht verkneifen. Woraufhin meine Frau natürlich nicht mehr gut auf mich zu sprechen war. Ich musste ja noch ein ganzes Stück fahren.

Nun gut, endlich hatte es der Monteur geschafft, die Heizung notdürftig zu reparieren und wir fuhren um die Mittagszeit endlich los. Das Wetter spielte an diesem ersten Urlaubstag auch nicht so recht mit. Es regnete immer wieder. Wir ließen uns die gute Laune aber nicht vermiesen. Nach einigem Suchen gelangten wir schließlich zu unserem Bauernhof und wir staunten nicht schlecht, wie schön es hier war. Es gefiel uns gleich super.

Am nächsten Morgen, nach einem sehr guten und reichlichen Frühstück, machten wir uns auf den Weg um Freiburg zu erkunden. Dieser Tag hatte es dann auch in sich. Kaum waren wir mit der S-Bahn angekommen und durch einige dieser schönen alten Gässchen geschlendert, da fing es schon zu regnen an. Und zwar so, als ob Petrus die Schleusen geöffnet hätte. Der Regen mit seinen sturmartigen Böen vermieste uns fast den Tag. Meine Frau hatte zu diesem Zeitpunkt den moralischen Tiefpunkt erreicht. Fünf Tage Urlaub und davon schon zwei Tage mit schlechtem Wetter. Früher hätte ich mich da mitziehen lassen und den Frust einfach ertränkt. Heute sehe ich das viel positiver. Seine Stimmung muss man nicht vom Wetter abhängig machen.

Also beschlossen wir, ein Thermenbad aufzusuchen. Dieses Thermenbad war klasse und dementsprechend teuer. Wir hielten uns mehrere Stunden darin auf. Es war einfach wohltuend und entspannend. Für den Abend reservierten wir bei unserem Hauswirt einen Tisch, um dort zu Essen.

Er überraschte uns dann auch. Selten habe ich so gut gegessen wie dort. Es war einfach super und das entschädigte uns für das schlechte Wetter. Wir bestellten uns ein Menü und haben auf die Nachspeise nicht verzichtet. Da ich sehr gerne Wild esse und dies auf der Speisekarte stand, bestellte ich mir das Menü. Wobei ich natürlich darauf achtete, dass in der Soße kein Alkohol war. Natürlich war mir bekannt, dass man zu Wildfleisch in den besseren Lokalen einen Rotwein trinkt. Nichtsdestotrotz bestellte ich mir ein Apfelsaft-Schorle und es hat trotzdem hervorragend geschmeckt. Dem Wirt ist dies mit Sicherheit aufgefallen, aber er hat sich deswegen nicht geäußert. Auch von den anderen Gästen hörte ich keine abfällige Bemerkung deswegen.

An unserem Nebentisch ließ sich ein so genannter „Neureicher" mit seiner Frau nieder. Amüsiert beobachtete ich sein Gehabe. Wie er sich einen Wein einschenken ließ, der ihm dann doch nicht zusagte. Dann einen weiteren bestellte usw. Nachts sind er und seine Frau mit lautem Gepolter und stockbesoffen auf ihr Zimmer gewackelt. Von ihrem neureichen Gehabe war nicht mehr viel übrig. Solche Erlebnisse bestärken mich immer wieder, trocken zu bleiben.

Der nächste Tag war ein Feiertag, nämlich Himmelfahrt. Wir hatten uns vorgenommen, über den Rhein ins Elsass zu fahren. Dieser Tag war sehr heiß und schwül. Wir wollten einige Sehenswürdigkeiten besichtigen und waren froh, als wir Frankreich wieder verlassen hatten. Es war sehr anstrengend bei dieser Hitze. Wie am Vortag hatten wir uns wieder einen Tisch reservieren lassen. Wir ließen uns noch einmal so richtig verwöhnen. Mit einem guten Essen und einem naturtrüben Apfelsaft-Schorle den Abend in aller Ruhe ausklingen zu lassen, das hat schon etwas für sich. Unser neureiches Ehepaar hatte tagsüber den Feiertag wieder gut begossen und am Abend hat es ihnen auch wieder gereicht.

Stelle ich mir vor, dass dies jahrelang bei mir auch so der Fall war, dann stellen sich mir die Nackenhaare. Und in Gedanken sage ich ein ganz klares <u>Nein</u>, so wollte ich mit Sicherheit nicht mehr sein.

Am nächsten Tag, unserem letzten Urlaubstag, mussten wir unser Zimmer bis gegen 11.00 Uhr geräumt haben. An diese Regel hielten wir uns natürlich. Aber erst nach einem ausgiebigen Frühstück. Das Frühstück war an allen Tagen sehr abwechslungsreich und überaus reichlich. Immer mit frischer Marmelade, Käse, Schinken und einem weichgekochten Ei. Zusätzlich bestand die Möglichkeit, Honig, Müsli usw. zu bestellen. Ich muss gestehen, in diesen Tagen habe ich einiges an Gewicht zugenommen. Das störte mich aber wenig, denn ich war mir sicher, ein paar Tage Sport und alles war wieder okay.

Nachdem wir bezahlt hatten, fuhren wir Richtung Titisee los. Während wir unterwegs waren und über die letzten Tage redeten, beschlossen wir, in nächster Zeit wiederzukommen. Wir werden uns Wanderschuhe und einen Rucksack kaufen, um dann besser ausgerüstet zu sein. Die Gegend lädt geradezu zum Wandern ein.
Nach einer Rundfahrt mit einem kleinen Ausflugsboot auf dem Titisee ließen wir den Vormittag ausklingen.
In einem Strandcafe verweilten wir noch einige Stunden, um dann die Heimreise anzutreten. Unterwegs hielten wir in einer kleinen Ortschaft an, um uns für den Rest des Weges zu stärken.
Unser Fazit nach den wenigen Tagen: Wir werden wiederkommen.

Mein persönliches Resümee: Wir verbrachten praktisch in einer typischen Weingegend unseren Urlaub. Aber trinkt man selbst keinen Alkohol, stört dies auch niemanden. Wir haben keine schlechten Erfahrungen in dieser Richtung gemacht. Auf Kontakte zu solchen Menschen wie unseren Tischnachbarn kann man allerdings getrost verzichten. Denn hier sind die zwischenmenschlichen Probleme vorauszusehen.

Autounfall

An meinem letzten Arbeitstag vor unserem Sommerurlaub verursachte ich einen Autounfall. Es ging zwar mit Blechschaden ab, aber weil ich schuldig an diesem Unfall war, ärgerte ich mich doch sehr. Ich hatte die Vorfahrt meiner Unfallgegnerin missachtet. Vermutlich war ich in Gedanken schon an meinem Arbeitsplatz. Kurz gesagt, ich habe sie einfach nicht gesehen. Gott sei Dank wurde niemand verletzt. Allerdings hat die gute Frau darauf bestanden, die Polizei zu holen, um den Unfall aufnehmen zu lassen. Ich hatte nichts dagegen.
Früher wäre an dieser Stelle Panik angesagt gewesen, denn ich trank damals schon morgens Alkohol, um überhaupt ruhig zu werden. Den Führerschein hätte ich mit Sicherheit gleich abschreiben können. So aber sah ich der Sache gelassen entgegen. Die Polizeibeamten wollten dann auch nichts weiter von mir. Sie klärten mich auf, dass ich eine Strafe wegen Missachtung der Vorfahrt zu erwarten hätte. Und das war's dann schon. Wir tauschten die Personalien und ich meldete den Unfall gleich meiner Versicherung. Mit meinem verbeulten Auto konnte ich gerade noch nach Hause fahren. Nachdem ich alles Weitere in die Wege geleitet hatte, fuhr ich nochmals in die Firma, um den Rest meiner noch zu bearbeitenden Aufträge an die Kollegen abzugeben. Sie können aber sicher sein, dass ich mir meinen Urlaubsbeginn so nicht vorgestellt habe.

Trotzdem bin ich sehr glücklich darüber, dass ich meinen Führerschein noch besitze. Es hat also doch auch gewaltige Vorteile, wenn man abstinent lebt und keinen Alkohol trinkt. Dies wurde mir mit diesem Autounfall wieder sehr deutlich bewusst.

Selbstvertrauen und Selbstwertgefühl

Zwei sehr wichtige Themen. An diesen Punkten muss aber jeder für sich arbeiten. Durch die Trinkerei ist meist das Selbstvertrauen und das Selbstwertgefühl auf ein Minimum reduziert worden. Und glauben Sie mir, ich kann dies aus eigener Erfahrung bestätigen. Man traut sich selbst nichts mehr zu. Hört nur noch auf andere Menschen und andere Meinungen. Und damit dreht man sich ständig nur im Kreise. Ohne Selbstwertgefühl und ohne Selbstvertrauen ist man verloren. Das Leben erscheint nicht mehr lebenswert.

Ein Psychotherapeut hat dies in einem Buch so beschrieben:
„Selbstvertrauen - wer von uns wünscht sich das nicht und wer von uns könnte davon nicht mehr gebrauchen? Vieles im Leben würde uns dann leichter fallen und so mancher Frust bliebe uns erspart. Doch jemand in uns schafft es immer wieder, uns unser Selbstvertrauen zu rauben. Dieser Jemand geht dahin, wohin wir auch gehen. Wir mögen uns in Alkohol, Drogen, Beruhigungs- oder Aufputschmittel flüchten, wir werden ihn nicht los. Er gehört zu unserem seelischen Handgepäck, das wir auf Schritt und Tritt mit uns herumtragen. Er entscheidet darüber, ob wir glücklich oder unglücklich sind, ob wir persönlich oder beruflich erfolgreich sind oder versagen werden. Ob unser Leben reich und erfüllt oder leer und unausgefüllt ist. Ob wir mit Schwierigkeiten fertig werden oder an ihnen zerbrechen. Ob wir mutig oder feige sind. Ob wir ein dickes Fell haben oder empfindlich wie Mimosen sind.

Wir sprechen von unserer inneren Stimme als unserem Kritiker. Der nur darauf wartet, uns bei einem Fehltritt oder einer Schlappe zu ertappen um uns dann aufs Schärfste zu verurteilen. Diese innere Stimme ist unser ärgster Feind. Wenn es Ihnen gelingt, diese innere Stimme zum Schweigen zu bringen oder sie durch eine positive aufmunternde Stimme zu ersetzen, dann haben Sie gewonnen.

Dann haben Sie die Voraussetzungen geschaffen für ein glückliches und ausgefülltes Leben. Dann verfügen Sie über ein positives Selbstwertgefühl und genügend Selbstvertrauen, um viele persönliche und berufliche Schwierigkeiten erfolgreich zu meistern.

Unser Denken entscheidet über unser seelisches und körperliches Wohlbefinden. Unser Selbstwertgefühl und unser Selbstvertrauen hängen zu 100% davon ab, wie wir über uns denken. Denken wir schlecht von uns, kritisieren uns und machen uns klein, dann fühlen wir uns auch klein und minderwertig."

Deshalb muss ich mich zuerst annehmen können, so wie ich bin. Und zwar mit allen Fehlern und mit allen guten Eigenschaften, die ein jeder von uns besitzt. Dies ist eine Grundvoraussetzung, um an sich selbst arbeiten zu können.
Die guten Eigenschaften muss ich an mir erforschen und fördern. Die schlechten dagegen muss ich bekämpfen und zurückdrängen. Dazu gehört natürlich, dass ich mich selbst mag, dass ich gut zu mir bin. Dass mein Körper mein Freund ist.
Und wie gehe ich mit einem Freund um? Natürlich gut.

Wenn wir ein positives Bild von uns selbst haben, wenn wir uns selbst trotz Fehler und Schwächen annehmen, dann sind wir zufriedener, erfolgreicher, stärker und intelligenter. Wenn wir an uns glauben, verfügen wir über das nötige Selbstvertrauen, um uns auch an schwierige Aufgaben heranzuwagen. Wir haben dann die Kraft, mit Niederlagen und Schicksalsschlägen besser umzugehen. Wir können sie, ohne Schaden daran zu nehmen, verarbeiten und überwinden, ohne an ihnen zu zerbrechen.

Wenn wir an uns glauben und uns annehmen wie wir sind, dann sind wir auch in der Lage, die Talente und Fähigkeiten, die in uns stecken, voll auszuschöpfen. In jedem Menschen stecken solche Talente und Fähigkeiten. Irgendetwas kann ich immer besser als der andere und natürlich auch umgekehrt. Niemand ist perfekt.

Ich selbst war sehr pingelig und genau, bevor mein Psychologe mich eines Besseren belehrte. Es muss nicht immer alles perfekt sein. Und man muss kein schlechtes Gewissen bekommen, wenn manche Sachen einfach nicht hundertprozentig geworden sind. Im Beruf waren das oft große Stolpersteine für mich, die mir das Leben sehr schwer machten. Durch meine Trinkerei hat sich dies noch gesteigert. Ich wollte alles besser machen als die Kollegen. Vermutlich, um so meine Trinkerei zu überspielen. Und manche Arbeiten kontrollierte ich drei- und viermal, um ja keinen Fehler zu machen. So wenig Selbstvertrauen besaß ich damals.

Ein Beispiel:
Als ich noch Schichtarbeit leistete, mussten wir bei Schichtende die Maschinen und Lampen in unserer Abteilung ausschalten. Dann marschierten mein Kollege

und ich auf den Parkplatz zu unseren Autos. Bis wir dort ankamen, habe ich mir nicht mehr so richtig getraut, ob ich auch alles ausgeschaltet habe. Oftmals bin ich nochmals umgekehrt, um noch einmal alles zu kontrollieren. Meine Vorgesetzten sollten keine Gelegenheit haben, mir Vorwürfe zu machen.

Heute reagiere ich ganz anders darauf. Selbst wenn mir der Gedanke kommen würde, dass ich vergessen haben könnte, die Lichter auszumachen, würde ich nicht mehr umkehren und nachsehen, denn nach mir kommt ja auch noch ein Nachtwächter, der das dann erledigen kann.

Aber zu dieser Zeit war ich zu unsicher, das wirkte sich auf alle Entscheidungen aus. Ich hatte kein Selbstbewusstsein mehr. Ich konnte nicht mehr richtig entscheiden, ob ich etwas jetzt so mache und auch dazu stehe. Oder doch lieber anders. Diese Selbstzweifel haben mich ungeheuer belastet. Erst in der Kur fasste ich wieder Mut, um zu mir zurückzufinden. Aber alles braucht halt seine Zeit und diese Zeit muss man sich nehmen.

Unsere größte Heldentat besteht nicht darin, niemals hinzufallen, sondern jedes Mal wieder aufzustehen, wenn wir gestürzt sind.

Konfuzius

Hypnose - Selbsthypnose

Erst in jüngster Zeit habe ich mich mit dieser Methode etwas vertraut gemacht. Beschäftigt man sich eingehender mit der Materie, ist man verblüfft, wie oft man sich dieser Methode bedienen kann.

Zunächst möchte ich einmal den vielen Fehlansichten mancher Leute widersprechen. Sie verbreiten die Ansicht Hypnose sei etwas zum Fürchten, etwas Magisches und Geheimnisvolles, dem ist aber nicht so. Ich habe dies selbst ausprobiert und gute Erfahrungen damit gemacht. Mit dem richtigen Verständnis und dem Wissen über die Hypnose können die Vorteile für einen selbst erst richtig nutzbar gemacht werden. Die Hypnose ist nicht nur etwas für Spezialisten, sondern jeder Einzelne kann sich ihrer bedienen, insbesondere der Autohypnose, also der Selbsthypnose.

Ich habe mir die Selbsthypnose durch Bücher angeeignet und gute Erfolge damit erzielt. Nachfolgend möchte ich Ihnen die Möglichkeiten der Hypnose oder Selbsthypnose näher bringen.

Tagtäglich unterliegen wir zahllosen Suggestionen, die uns aus der Umwelt erreichen und uns - durch alles, was wir wahrnehmen und erleben - beeindrucken. Täglich suggerieren wir Dritten und auch uns selbst Gedanken, Gefühle, Haltungen, Handlungen.
In Büchern können Sie nachlesen, wie Sie die für Ihre Gesundheit und Ihr Lebensglück schädlichen Suggestionen ausschalten und - demgegenüber - positive, lebens-

fördernde Einflüsse bewusst und gezielt zur Geltung bringen.
Von unschätzbarem Nutzen sind die Techniken der Selbsthypnose. Mit ihrer Hilfe können Sie sich vollkommen entspannen, sich von Schlaflosigkeit, Sorgen und Depressionen, Angst und Hemmungen, Minderwertigkeitskomplexen, Charakternachteilen und schädlichen Gewohnheiten wie übermäßiges Essen und Trinken oder sogar vom Rauchen befreien. Durch die Selbsthypnose können Sie zu einem harmonischeren Geschlechts- und Gefühlsleben kommen. In diesen Büchern wird zu positivem Denken angeleitet und Sie können zu einer neuen Selbsteinschätzung, einem neuen Selbstvertrauen und einem glücklicheren Leben finden.

Einen Teil dieser Themen habe ich ja schon im Kapitel zuvor gestreift. Dies soll auch keine Anleitung zur Selbsthypnose werden. Aber ich möchte doch auf diese nicht so bekannte Möglichkeit aufmerksam machen. Für einige könnte es eine Chance zur Heilung darstellen. Kommt man mit der Selbsthypnose nicht zurecht, bleibt einem ja immer noch die Möglichkeit, einen Spezialisten aufzusuchen. Um die Vorurteile weiter abzubauen, möchte ich dieses Thema noch etwas vertiefen.

Was ist Hypnose?
Diese Frage stellt man sich automatisch und ich versuche sie hiermit zu beschreiben. Wir unterscheiden jedenfalls Fremdhypnose (Heterohypnose) und Selbsthypnose (Autohypnose). Und von Hypnose sprechen wir immer dann, wenn das Subjekt - sei es infolge gezielter Beeinflussung oder in Form von Suggestionen oder sei es spontan - sich in einem Trancezustand befindet. Unter Suggestionen verstehen wir die Beeinflussung des See-

lischen, insbesondere auch des Unterbewussten, hinsichtlich menschlicher Denk,- Gefühls- und Willensabläufe. Sie mögen überrascht sein zu erfahren, dass Sie selbst schon hundert- oder sogar tausendmal unter Selbsthypnose gestanden haben. Obwohl diese spontanen Trancezustände gewöhnlich nicht als Zustand erlebter Hypnose bezeichnet werden, sind sie es dennoch. Vertieft man sich in irgendetwas - beim Lesen eines Buches, bei der Arbeit, bei einem Hobby -, dann gleitet man unbemerkt in einen Hypnosezustand. Die Werbung stellt ein sehr gutes Beispiel dar. Sie hat sich die Macht der Suggestion zu eigen gemacht. Die Priester und Medizinmänner der Naturvölker wenden die Hypnose an oder können hypnotische Zustände herbeiführen, zum Beispiel durch rhythmische Trommelschläge.

Jeder, der Hypnose nicht selbst erlebt oder ein Buch darüber gelesen hat, wird viele falsche Ansichten über sie haben.
Nachfolgend einige positive Beispiele. Seit neuestem wird Hypnose in der Zahnmedizin mit sehr guten Erfolgen angewandt. Ein weiteres Anwendungsgebiet der Hypnose ist die Hypnotherapie bei der Entbindung. Selbst im Zweiten Weltkrieg wurden schon Amputationen unter Hypnose vorgenommen. Leidet man unter Schlafstörungen, ist die Hypnose ein sehr geeignetes Mittel, um leichter einschlafen zu können. Haben Sie Lampenfieber oder sind Sie unsicher im Auftreten und freiem Sprechen, dann kann auch hier die Hypnose ein sehr gutes Gegenmittel sein. Es gibt noch unzählige Möglichkeiten, die sich jeder einzelne zu Nutzen machen kann.
Stellen Sie sich einen Besuch bei einem Zahnarzt vor, da ist es doch nützlich bei der Behandlung in Hypnose zu sein. Die Schmerzschwelle wird infolge der eintretenden

Entspannung jedenfalls so nach oben verlagert, und Sie werden es wahrscheinlich kaum merken, wenn Ihnen der Zahnarzt eine Spritze gibt.
Hierzu muss man sich aber in die Materie durch Bücher einlesen oder einen Hypnotherapeuten aufsuchen. Von der modernen Medizin wird diese Form der Behandlung leider immer noch sehr zurückhaltend bewertet. Aber ich bin der Auffassung, alles was mir helfen kann sollte probiert werden.
Praktizierende Hypnotherapeuten ausfindig zu machen ist auch heute noch ziemlich schwierig. In kleineren Städten gibt es oft nicht einen einzigen Vertreter unter den praktizierenden Ärzten. Am besten wendet man sich an die regionalen zuständigen Berufsvereinigungen der Ärzte, Fachärzte oder Psychologen (Kammern), dort wird man am ehesten eine nützliche Auskunft erhalten.

Ich muss aber in diesem Zusammenhang sehr deutlich davor warnen, die Hypnose als Allheilmittel zu betrachten. Fühlt man sich krank oder hat körperliche Schmerzen, rate ich jedem zur Sicherheit einen Arzt aufzusuchen. Ist der Arzt dann noch Hypnotherapeut, umso besser.
Die Hypnose oder Selbsthypnose stellt nur eine Möglichkeit dar. Kommt man mit dieser Methode zurecht und überwindet die Krankheit dadurch, kann einem dies ja nur recht sein. Zeigt die Methode keinen Erfolg, bleibt immer noch der konventionelle Weg.
Ein Versuch ist es allemal wert.
Es gibt bei Alkoholkrankheit keinen generellen und eindeutigen Heilungsverlauf. Die Heilung muss im Kopf durch Veränderung der Denk- und Verhaltensgewohnheiten erfolgen und zwar zugeschnitten auf jeden einzelnen Patienten. Die Mithilfe des Kranken ist dabei unerlässlich.

Schlusswort

Wir sind nun am Ende angekommen und ich hoffe sehr, dass sie durch dieses Buch zu dem Entschluss kommen:

Ich nehme ab sofort mein Leben wieder in die eigene Hand und ich werde diese Krankheit besiegen.

Wenn Sie gedanklich so weit vorangekommen sind, haben Sie den ersten Schritt schon getan und ich freue mich sehr für Sie. Und glauben Sie mir, ich lebe jetzt seit fast neun Jahren abstinent und habe es bis heute nicht bereut. Im Gegenteil, ich hätte mir viele Schwierigkeiten und viele seelischen Verletzungen ersparen können. Aber so ist der Mensch nun einmal, einfach nicht vollkommen.

Am Schluss möchte ich es nicht versäumen, meiner Frau Monika und meinen beiden Söhnen Jochen und Steffen herzlichen Dank zu sagen. Sie hielten immer zu mir und haben mich nicht aufgegeben.
Auch den wirklich echten Freunden, die uns in dieser schweren Zeit nicht den Rücken zugewendet haben, bin ich sehr dankbar.
In diesem unserem schwersten Lebensabschnitt, der nun schon einige Jahre hinter uns liegt, hat sich unter unseren Freunden natürlich die Spreu vom Weizen getrennt. Und es tut heute einfach gut, wirkliche Freunde um sich zu haben.
Auf die anderen Schwätzer kann man getrost verzichten.

Auch meinen Chefs und Arbeitskollegen möchte ich auf diese Weise Dank sagen. Sie haben es mir nicht schwer gemacht, auf diesem richtigen Weg voranzugehen.

Ich hoffe nun zum Schluss, dass ich mit diesem Buch möglichst vielen Menschen helfen kann, die richtige Entscheidung in ihrem Leben zu treffen.

Wer heute einen Gedanken sät,
erntet morgen die Tat,
übermorgen die Gewohnheit,
dann den Charakter
und dann sein Schicksal.

Gottfried Keller